「元気の花」の育て方

精神疾患のある
中学理科教師が考える、
幸せの秘密

きみこ#

幻冬舎MC

「元気の花」の育て方

～精神疾患のある中学理科教師が考える、幸せの秘密～

はじめに

みなさんは今、元気ですか？

元気だと自信を持って答えられる方はとても幸せです。「まあまあかなぁ」とか「元気がない」と答える方も、実は多いのではないでしょうか。では元気の基準はどうですか。私は精神疾患があることも関係していて、毎日、5段階評価で今日一日の気分を手帳に書いています。5が一番高い状態、1が一番低い状態で3が普通です。みなさんはこの基準でどの数値が元気だと考えますか。

昔の私なら「4以上かな？」と感じていたでしょうが、今は3で充分だと思っています。もしくは2だったのが2・5くらいに上がれば、充分元気になったのだと思います。「3は普通なのにそれで元気なの？」と思いますか？「普通が一番幸せ」という言葉がありますが、普通の状態というのは実は分かりにくいものです。普通というのはあたりまえの状態ですが、あたりまえは人それぞれ違います。私にとっては非日常的な高級レストランでの夕食が、あたりまえな人も大勢いるでしょう。そういった人からすると、私の毎日では元気に過ごせないのかもしれません。

しかし、今置かれている状態で満足しなければ、欲しいものや叶えたいことは増えていくばかりです。そのこと自体は決して悪いことではありませんし、むしろそういった夢や希望が元気につながります。ただし、そればかりに目を向けていると、うまくいかなかった時の悲しさや無力感が生まれてきます。そうなるとだんだん元気ではなくなってしまいます。

だから時には立ち返り、今のあたりまえの中にある幸せを、見つけていくことも大切だと思います。元気か元気でないかは、自分が決めるバロメーターのようなものです。この本を手に取った方は「今はちょっとしんどくて、今よりちょっと元気になりたい」と感じている方が多いと思います。そんな方にとって少しでも役に立てればうれしいです。

私は「きみこ#」といいます。本名、きみこです（ひらがなではありませんが）。本を執筆するにあたり、教員であることなどから本名をフルネームで出すことについては、いろいろ問題がありました。しかし一方で自分の伝えたいことを読者の方に読んでいただくのに、実名を出さないのは何か違うのではと思いました。そんな時、私は結婚をして名字は変わっても、名前はきみこのままだと思い出しペンネームを決めました。私は公立中学校に勤める現役の理科教師ですが、それと同時に10年以上も薬を飲み続け、これからも薬は手放せない、精神疾患の持ち主です。正式な病名は「統《とう》合《ごう》失《しっ》調《ちょう》感《かん》情《じょう》障《しょう》害《がい》」というあまり聞き慣れない病名です。入院経験も現在のところ7回ほどあります。

入院する程ひどい病状になると、私は不思議な言葉を連呼したり、よく分からないことが頭に浮かんできます。しかしそれが何度か繰り返されると、自分が大切だと考えていることにつながっていることに気づきました。それを一冊の本にまとめたいと思ったのがこの本を書くきっかけの1つとなりました。

私が本を書こうと思った理由は2つあります。

1つ目は私が中学理科教師であるということです。理科と似た言葉で、科学という言葉があります。科学は「自然や社会などについての法則を調べたり、知識をまとめたりすること」を指します。理科は「小・中・高校で科学について扱う分野から、数学的要素を抜いたもの」とされているので、理科とは科学について学ぶ教科の名前です。理科では地球の歴史についても学びます。これまでの長い地球の歴史の中で、大きな転換点として人間の存在があります。人間が誕生し、さまざまなエネルギーを使うようになってから、また、たくさんの探究心を持つようになってから、地球の歴史のスピードは飛躍的に速くなりました。そして地球上での変化のスピードも大きく変わりました。現在は地球規模で、さまざまな問題が起こっています。これらには原因が必ずあります。問題や原因を知ることは大切ですが、必要以上に恐れたり、悲しんだり、憎んだりまた何より、それらのストレスにより、精神的に病む必要はありません。なぜかといえば、地球も人間もこれまで多くの困難を克服してきていることが科学的にも知られているからです。そのことに気づき、一人ひとりが元気になって自分が何をしたら良いかを考える方が、ずっと大切であることを伝えるのが1つ目の理由です。

2つ目は、たくさんの人にもっと元気になってほしいと思ったからです。最近の日本人は、自分の人生に絶望していたり、苦しんでいたり、もやもやを抱えて元気になれない人が多くいます。また悲しいことに自ら命を絶つ「自殺」という道を選ぶ人もいます。死に至らなくとも、そういった行為に及ぶ人は自殺者の陰に隠れてものすごい人数がいます。実際に私の友人や教え子の中にも自殺を選び、とても若くして亡くなってしまった人が何人かいます。入院先で出会った友人にも、自殺を図り、「運良く失敗」して命拾いし、入院していた人もたくさんいます。私自身も、もう死んじゃってもいいかなぁと、考えてしまう時がたまにあります。でも、死んでしまったらそれで終わりです。苦しいことはないけれど、楽しいこともありません。そして何より、ご家族を中心に、周りの人達の悲しみや苦しみは一生癒《い》えません。私はそういった悲しみや、ご家族や周りの人達のつらさをたくさん見てきました。だからこそ、このようなことが少しでもなくなり、みんなが元気になるような活動がしたいと思ったのが2つ目の理由です。

中学校の理科教師であるため、また自分が精神疾患者であるからこそ気づけたことがあります。私は人が好きで、出会う人にも恵まれてきました。その人達からたくさんの温かい言葉、生きる糧《かて》やヒントをいただきました。それが今の自分を作っています。言葉には、人の気持ちをプラスに向かわせる大きな力があると実感しています。この本の内容は、あたりまえのことが多く、こんなことは知っていると思われる部分も多いと思います。しかし、知っていても普段は忘れてしまっていることはよくあります。読んでくださった方が、この本を通して、何かを思い出し、明日に向かって元気に生きるためのヒントを見つけられたら幸いです。

目次

第二章　人はなぜ、なかなか元気になれないの？

第三章 元気になりたいあなたへ

第一章

元気になるってどういうこと？

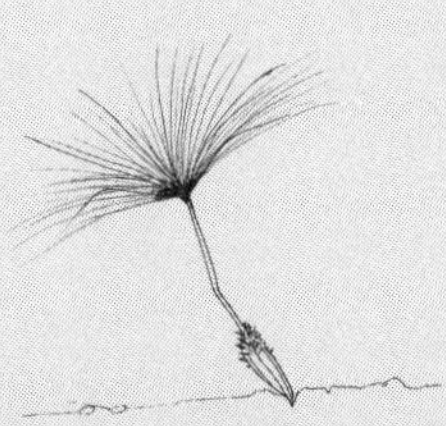

そもそも元気とは何でしょうか。というより、私達人間はどういう生物なのかと考えたことはありますか？　元気を知るために、まずこの章では人間とはどういう生物なのかということについて少しだけ触れてみたいと思います。そして、人間がかかる病気、特に精神疾患や発達障害、依存症について考えたいと思います。そしてその中で、元気があるのとないのではどう違うのかを考えていきたいと思います。

元気ってなに？

元気とはそもそもどんな意味なのか辞書で調べると、３つの意味がありました。

1．心身の活動の源となる力。

2．身体の調子が良く、健康であること。

3．万物生成の根本となる精気。

確かに元気だと感じる時は活動したくなるし、身体の調子も良く健康な気がします。まさに、根本となる精気なのでしょう。元気だなと感じる人にはそのような精気を感じますし、自分が元気だと感じる時も、そのような時だと思います。人間は活動する生物ですから常に元気でいたいと思うし、元気が出ない時はつらいものです。では、人はどんな時に元気になって、どんな時に元気がなくなるのでしょうか。

一番わかりやすいのは、うれしいことがあった時や、自分がやりたいことがうまく進んでいる時でしょう。このような時には人間はやる気になり、元気な状態になると思います。反対に嫌なことや、悲しい出来事があると、人間は元気をなくします。逆境でこそ頑張れる人もいますが、ほとんどの人はだんだんやる気や元気がなくなってしまいます。

2番目に健康面です。身体の調子も良く健康であれば、人は大抵元気でいられるものです。

健康には大まかに2つの種類があると思います。1つは病気などをしていない身体の健康、そしてもう1つは、身体には問題はないけれど気持ちや精神の健康です。私は精神疾患を持っています。これは身体の主に脳の病気です。精神疾患の人は精神が弱っていたり、ぐったりしていると考える方も大勢いると思いますがそうではありません。私は「元気だね」と言われることも多いし、自分でも基本的には元気な人間だと思います。しかし時にはその元気さが度を超して、周りの人に迷惑をかけたり、逆に元気がなくなり仕事に行けなくなったり、夕食の買い物もできないような、社会生活に影響が出てきます。これが脳の病気であり疾患なのです。

私は人間なので、それ以外の生物にも元気というものがあるのか分かりませんが、きっと他の生物にも元気は関係しているはずです。ただしそれは健康面の元気であって精神面の元気は多くないと思います。なぜかといえば、多くの生物は自分や同じ種《しゅ》の遺伝子を残そうという本能で生きているのが大部分だからです。しかし、人間はそれだけではありません。自分の感情や言葉を持ち、それを書き残して多くの人に伝えたり、未来に残したりします。他の動物にも感情や鳴き声はありますが、それを記録する生物はいません。また芸術などにおいても、人間ほど多様な生物はいないと思います。他の生物は圧倒的に生殖活動が生命の根本にありますが、人間はそうでない人も現在は多くいます。その理由は人間社会が豊かになったり、一人ひとりが自分の生きる価値を考えるようになったり、平均寿命が飛躍的に伸びたりと、さまざまな要因が考えられます。この本はそれがメインの話ではないのでここまでにしたいと思いますが、人間は他の動物より明らかに精神面での健康が、活動などの原動力となる動物だと思います。この章では、人間はどのような生物であるか、そして元気と関係している病気、特に人間特有の精神疾患等について説明していきたいと思います。精神疾患等については最近多く取り上げられていますが、まだまだ誤解をされている方が多く、また当事者や周りの方も案外気づいていないことが多いので、ここで簡単に説明をしたいと思います。そして「どうしたら元気になれるのか」をもう一度考えてみたいと思います。

そもそも人間はどういう生き物？

最初に人間とはどんな生き物なのかをおさらいしておきたいと思います。人間はヒト科の動物で、サルやゴリラと同じ霊長類《れいちょうるい》に分類されます。そしてこの霊長類はホニュウ類の仲間です。ホニュウ類の特徴は、身体が体毛で覆《おお》われており、体温調節ができることです。また、子どもを卵ではなく、胎児で生むのが最大の特徴です。それにより、暑さや寒さが厳しい環境でも生きられ、また卵や未成熟な状態で子どもを産まないので、敵に食べられる心配が少なく、過酷な環境でも効率よく子孫を繁栄《はんえい》させていけます。進化の中では最も後に出現した生物で進化した生物といえます。その中でも、最も脳が発達した生物が霊長類です。霊長類は身体に対する脳の比率が他の動物に比べ格段に大きく、中でも人間の脳は特に発達しているといわれています。そのため人間だけが道具を使ったり文章を残したり、文明というものを創ったといわれています。

「人間ってすごいんだ」と思うかもしれませんが、人間はまだまだ新参者《しんざんもの》、地球の中では新入りです。身近にいるゴキブリは2億年以上前から生息しているといわれていますし、魚や貝も、形を変えずに今も生きている生物がたくさんいます。それらの生物は長い年月、途絶《とだ》えることなく生き続けている大先輩の生物なのです。しかし人間が特別なのは前述したように脳の発達です。脳のはたらきは諸説ありますが、私は

「基本的に自分自身を第一に考え、より幸せでいられ、最終的には自分の種《しゅ》を繁栄させ遺伝子を残すことを考えるはたらき」だと思います。このはたらきは生物にとって素晴らしいことであると同時に、とても危険なことだと思います。なぜならこの脳のはたらきによって、楽しい人生や最高の思い出や、最高のパートナーも生まれますが、それと同時に病気や犯罪、悩みや戦争までもが起こってしまうからです。そんな人間の身体をもう少し説明したいと思います。

人間のからだは工場よりすごい!!

人間の身体は1つですが、実はそれぞれの部分に分かれていて、役割が全く違っています。例えば心臓には血液を送るポンプのようなはたらきがあります。目は周りのものを見る役割があります。その一つひとつがとてもよくできているのですが、実は多くの臓器や部分で行われている役割は1つではなく、何個ものはたらきをしています。例を挙《あ》げれば手は、何かを取ったり、物を動かしたり作ったりしますが、触ることによって熱さや寒さを感じます。また、痛みを感じたり、体重や物を支えたりすることもできます。これらは手の皮膚に神経があったり、骨や筋肉、関節などが内部にあり、それらをうまく動かすために脳が感じたり指令を出したりしているからです。手足だけではなく、耳には聞くというはたらき以外にも、身体の傾きやバランスを調節する機能があります。内臓も肝臓なら栄養を一時的に保管しておく機能や、アルコールなど身体に対する有害物質を無害にするはたらきなどを持っています。内臓のはたらきの多くは自覚なく反射というしくみで行われています。しかし、これも身体が作用し合って最終的には脳が司令塔となってはたらいているのです。

それぞれの臓器や身体の器官で行われている作用を人工的に機械や実験で行うことは、部分的には可能です。しかし、それはほんの一部分についてであり、1つの臓器や器官の役割をするものを人工的に作ったり、ましてや脳を作ることは現実的には大変難しいと考えられています。なぜかといえば、それを行うにはとても巨大なスペースと費用と時間がかかるからです。そしてまた、人間の身体はまだ解明されていないことも多く、特に脳については未知の部分が多いとされています。

人間の臓器は巨大な工場のようだという言葉があります。人間はこの巨大な工場のようなものを小さな1つの身体の中にしまっておいて、日々使い続けているのです。これはとても神秘的で偉業だと思います。その司令塔になっている脳は未知なる部分も含めてさまざまな作業を瞬時《しゅんじ》にしています。しかし、日々使い続けていると脳も疲れてきます。誤作動《ごさどう》を起こしたり、勝手に暴走し始めたりすることもあります。これが病気の始まりとなることも多いのです。

なぜ人は病気になるのだろう

病気とは、「からだの調子がおかしくなり、苦しく感じる状態」です。似た言葉で、けがもありますが、これは「間違って、からだの一部や骨などをそこなうこと」です。けがは間違って起こるものですが、病気はどうして起こるのでしょうか。これはいくつかの種類に分類することができると思います。

1つ目は、ウイルスや細菌、化学物質や花粉など外部から入ってきたものによって悪さが起こったり、それに身体が抵抗しようとして起こる現象です。身体はうまくできていて、異物が入ってくると、それらから身体を守ろうとするはたらきをたくさん持っています。例えば熱を出して菌を殺したり、くしゃみや鼻水などを出して異物の侵入を防いだり、咳をして肺を守ったりします。病気になると、安易に薬を使って症状を抑えようとする人も多いですが、実はこれは自己免疫作用を無理矢理止めているので、熱は下がっても細菌などを増殖《ぞうしょく》させたり、花粉症の体質を悪化させる危険性もあるのです。これらの症状は脳や身体の機能が自己防衛のために起こしています。でも、つらいので人は薬を使います。これも対処法としては正しいことです。しかし薬は正しい使い方をしなければならないことも事実です。

2つ目は、身体が自分から突然変異などを起こして細胞などが悪くなる状態です。簡単にいえば、がんなどがその例です。がんは今まで普通だった細胞が、がん細胞へ変化し悪さをします。がん細胞は増殖が早く、普通の細胞が徐々にがん細胞へと置き換わって進行していきます。この場合、がん細胞から普通の細胞を守るためには、がん細胞を切除したり、抗がん剤を使ってがん細胞の増殖を止めなくてはいけません。この2つ目については、脳だけの力ではどうしようもありません。

3つ目は、いわゆる脳のはたらきによって起こる病気で、実はこれが病気の中で最も種類が多いのではないかと思います。例えば高血圧や糖尿病などの成人病といわれるものも、言い換えれば脳の指令による病気なのです。高血圧は、心臓から血液を送る圧力や戻る圧力が基準値よりも高い病気です。それにより、血管にダメージを与えたり、身体に負担を与えてしまう可能性があります。

1つ目に説明した発熱も脳による症状でした。ウイルスや寒さによって身体にダメージが与えられると、脳はそれに対抗しようとして体内の温度を上げます。これが発熱のしくみです。よく風邪の時に解熱鎮痛剤《げねつちんつうざい》を飲みすぎるといけないといわれているのは、人間が持つ自己治癒能力《じこちゆのうりょく》を低下させることになるからです。薬で熱だけ下げても、身体の疲れやウイルスが残っていては根本的な治療にはならないのです。それよりも栄養のあるものをしっかり摂《と》り、ゆっくり静養すれば大抵の熱は数日で治ります。ただし、高血圧も発熱も薬はいらないとは言いません。人の身体は頑丈なようでとてもデリケートです。体温が1℃違うだけで、人の身体には大きく作用します。血圧についても同様です。一瞬ならば大丈夫でも、慢性的《まんせいてき》に血圧が高い状態が続くと身体全体の血管に負担を与えてしまいます。これらの場合は薬が効果を発揮します。

脳のはたらきによる病気には、脳そのものは正しく機能して起こるものも多くありますが、脳そのもののはたらき方が暴走したり、間違えて起こる病気もあります。その中で今回取り上げるものは、近年話題になっている発達障害、代表的な精神疾患、そして依存症です。特に精神疾患について少し詳しく説明したいと思います。

発達障害について

発達障害とは、「生まれつきみられる脳のはたらき方の違いにより、幼児のうちから行動面や情緒面に特徴がみられる状態」をいいます。代表的なものに「自閉症スペクトラム症（ASD）」、「注意欠陥多動症《ちゅういけっかんたどうしょう》（ADHD）」、「学習障害（LD）」などがあります。

ASDは、一般的に自閉症といわれてきた人の他に、以前話題になっていたアスペルガー症候群も現在ではASDの一部に分類されています。また、自閉症の中でも知的な能力は高いけれど、人とのコミュニケーションを取ることが苦手な高機能自閉症などもあります。実は、人とはあまり関わらずに、何かに没頭するタイプの学者などには、このタイプの人が多いといわれています。ＡＳＤの人の多くは、音や光などの普通はあまり気にならないものに敏感で、それに大きく反応してしまう場合が多くあります。

ＡＤＨＤはその名の通り、注意力や集中力が続かなかったり、極端にそわそわとして落ち着きがないのが特徴です。カッとなったり、考えないで衝動的に行動や発言をしてしまうことも多いです。昔でいう、落ち着きのない子どもや片付けが苦手な子どもで、これらの症状は大人になるにつれ、また適切な対処の仕方を学ぶことによって徐々に改善されていく場合も多いです。しかしＡＤＨＤという考え方が昔は存在しなかったので、大人になるまで気づかずにいる場合も多く、現在では大人のＡＤＨＤも話題になっています。ＡＤＨＤには薬もたくさん開発されており、効果も高いといわれています。

ＬＤは、知的な発達の遅れはないものの、学習に必要な「聞く」「話す」「読む」「書く」「計算する」「推論する」という能力のうち、特定のものだけが苦手な障害です。話したりはとても上手にできるのになぜか漢字が書けなかったり、文章をうまく読めなかったり、アルファベットの「ｂとｄ」の区別がつきにくかったり、計算だけがとても苦手だったりする場合に疑われる障害です。この障害についても、適切な援助や対処法を学んでいくことで、改善することができます。

発達障害は、脳のはたらき方の違いなので、同じ病名でも、一人ひとりさまざまな特性の現れ方をしたり、いくつかの障害を併せ持ったりしている場合が多いといわれています。また、大人になるにつれ、症状が緩和《かんわ》して発達が徐々に追いついてきたり、適切な対処方法を学習し、身につけていくことによって、日常生活をスムーズに送ることができるようになるといわれています。そのため早期から専門機関を受診したり、特別支援教育を受けることも大切だとされています。発達障害の人は十人に一人の割合で存在しているとされています。

発達障害を理解する上で、もう1つ大事なことは「グレーゾーン」という考え方です。グレーゾーンとは、発達障害のいくつかの症状が当てはまるけれど、障害までには認定できない状態のことをいいます。発達障害ではないけれど、日常生活の中で、なぜかうまく人とコミュニケーションが取れなかったり、苦手なことがある場合、グレーゾーンである場合が多くあります。また発達障害は性格の一部であり、その性格が日常生活の中で、困難になることが多いから障害と認定されているという考え方もあります。例えば、私はとても活発で、話し好きでおっちょこちょいです。自分でもＡＤＨＤ的だなぁと自覚しています。

人間の性格には傾向があり、社交的な人や内向的な人などさまざまです。それらは遺伝と環境によって決まってきます。人は誰もがそれぞれの傾向の性格を持っていて、それが強いか弱いかの違いだけなのです。強すぎると、日常生活がうまくいかなくなるので初めて発達障害と認定されます。しかしその手前のグレーゾーンで悩む人が多いのも事実です。しかし逆の発想をすれば、脳のはたらき方が違うということは、通常の人ができなかったりする能力を持っていたり、感受性や発想力が豊かであるということです。かつての偉大な発明家や科学者、芸術家の人の多くは発達障害だったという説もあります。今活躍しているアーティストや研究者でも多くの人が発達障害を持っていることを公表しています。つまり、発達障害は大変なことも多いけれど、良き理解者がいて、環境さえ整えばその特性を大きく生かすことができるということです。

精神疾患について

①そもそも精神疾患ってなぁに

精神疾患といってもいろいろありますが、主に統合失調症、双極性《そうきょくせい》障害（躁うつ病）、うつ病などがあります。てんかんや認知症、依存症なども精神疾患に分類されます。「最近よく耳にする適応障害やパニック障害は？」と思われる方も多いと思いますが、これらはさまざまなストレスなどから過呼吸になったり、電車に乗れなくなったり、職場に行けなくなるなどの症状から、生活に支障をきたす障害であって、精神疾患という病気とは区別される場合があります。うつ病についても、現在では単なるうつ病は少なく、ほとんどの人は双極性障害の傾向を持つとされているようです。しかしまれに職場などの環境やストレスなどでうつ状態になる人がいますが、これと精神疾患の大きな違いは治るか治らないかです。精神疾患は、今のところ一度発症してしまうと治ることはありません。症状が安定し一般的な生活が送れる、いわゆる「寛解《かんかい》」という状態にはなりますが、薬を飲み続けないと再発の可能性が大きくなります。再発を繰り返すと症状は悪化して、寛解しづらくなったり、寛解の期間が短くなったり、薬の量が増えたりします。

「治らないならすごくこわい病気？」と思われるかもしれませんが、そんなことはありません。一度発症したら薬を飲み続けたり、なかなか治らない病気は、高血圧やコレステロール異常、痛風や糖尿病などの生活習慣病でも身近にたくさんあるからです。精神疾患もそんな身近な病気の1つなのです。精神疾患は脳が正常にはたらかなくなった時に起こります。

②統合失調症とは

統合失調症は、こころや考えがまとまりづらくなってしまう病気です。そのため気分や行動、人間関係などに影響が出てきます。統合失調症には、健康な時にはなかった状態が表れる陽性症状と、健康な時にあったものが失われる陰性症状があります。陽性症状の典型は、幻覚や幻聴と妄想です。中でも、周りの人には聞こえない声や音が聞こえる幻聴が多くみられます。陰性症状は、意欲の低下、感情表現が少なくなるなどがあります。

周囲から見ると、独り言を言っている、実際はないのに、悪口を言われたなどの被害を訴える、話がまとまらず支離滅裂《しりめつれつ》になる、人と関わらず一人でいることが多いなどがサインとして表れます。早く治療を始めるほど回復が早いといわれています。統合失調症の患者は現在、百人に一人程度とされています。こわいイメージを持たれる方も多いですが、案外身近な病気なのです。

③幻覚や幻聴のなぞ

私自身、普段生活していて、あまり幻覚や幻聴は感じたことがありません。だから明確には言えませんが、患者として幻覚や幻聴もどきを感じたことがあります。

例えば、私はマンション暮らしですが、家にはインターフォンがあります。トイレやお風呂、寝室にいる時には、なかなかインターフォンが聞こえづらいので、宅配業者が来ないかと、普段よりも慎重に耳をそばだてます。そうすると寝室にいる時やお風呂場などで、インターフォンの音が聞こえたような気がして、実際に見に行くと、誰も来ていないことが何度かありました。マンションなので、隣の家のインターフォンが鳴っていたのか、気にしすぎで何かの音やボイラーの音などが、間違えて聞こえたのかもしれません。ただ1つだけ気づいたのは、これも幻聴の一種のようなもので、このように気にしていたりすると不思議と遠くの音でも聞こえてきたり、別の音が全く違う音として認識される場合もあるのです。

この現象は、自分の精神面の病状が悪いと特に多く感じられます。精神が不安定だと、神経が過敏になっているからでしょう。だからこそ精神疾患者が、幻聴や幻覚が見えたり聞こえたりすることは大いにあり得ることですし、本人にとってはとても悩まされることだと思います。

幻覚についても、入院時に光の反射や影などで、光や物体が全く別のものに見えたことがあります。幻覚の場合、嫌いなものや怖いものに見えることが多いと、入院していた時に、多くの友達から聞きました。

精神状態が不安定な中で、いろいろなものに連想されて認識されることは、大いに考えられます。だから、幻覚や幻聴を見る人は、本当に見えたり聞こえていて悩んでいたり、こわい思いをしているのです。近年の医学では、幻覚や幻聴のメカニズムも解明されつつあるようですが、高度な内容になるためここでは省略します。

④双極性障害（躁うつ病）とは

双極性障害は、躁状態とうつ状態を繰り返す病気です。躁状態とうつ状態は両極端な状態です。その極端な状態を行ったり来たりするのが双極性障害なのです。

気分の波は誰にでもあります。幸せな感じがする時もあれば、悲しい気分の時もあるのは普通です。嫌なことがあった時に落ち込んだり、楽しいことがあった時にウキウキしたりするのは、ごく自然なことで病気ではありません。しかし、周りの人達が「何かいつものあの人とは違う」と感じたり、「ちょっとおかしいのでは？」と思えるほどその気分が行き過ぎていて、そのために家族や周りの人が困ったり、大胆な行動などをして社会的信用を失うほどであれば、双極性障害かもしれません。

双極性障害では、ハイテンションで活動的な躁状態と、憂うつで無気力なうつ状態を繰り返します。躁状態になると、眠らなくても活発に活動する、次々にアイデアが浮かぶ、自分が偉大な人間だと感じられる、大きな買い物やギャンブルなどをする等といったことがみられます。躁状態ではとても気分が良いので、本人が病気を自覚することはなかなかできません。そのため、うつ状態の時には病院に行くのですが、躁状態の時は治療を受けないことがよくあります。しかし、うつ病だけの治療では双極性障害を悪化させてしまうことがあります。双極性障害の人に抗うつ剤で治療してしまうと、うつが治まった時に逆に躁状態が高まってしまういわゆる「躁転《そうてん》」が多々あるからです。しかし、病院にはうつ時にしか行かないので、双極性障害と診断されずうつ病と診断され、自分の本当の病状にあった治療を受けるのに数年かかることも多い病気です。双極性障害も百人に一人程度の患者さんがいるといわれています。

⑤うつ病について

うつ病も双極性障害と同じ気分障害の1つです。一日中気分が落ち込んでいる、何をしても楽しめないといった精神症状とともに、眠れない、食欲がない、疲れやすいといった身体症状が現れ、日常生活に大きな支障が生じます。気分障害には、うつ病と双極性障害（躁うつ病）などがありますが、うつ病ではうつ状態だけがみられます。うつ病と双極性障害とでは治療法が大きく異なりますので専門家による適切な判断が必要です。

日本では、百人に約六人が生涯のうちにうつ病を経験しているという調査結果があります。また女性の方が男性よりも1・6倍くらい多いことが知られています。女性の場合は、妊娠や出産、更年期といったライフステージに関連して、うつ状態が関わってくると考えられています。

精神の病気について思うこと

これまで紹介してきた病気の他にも、最初に示したように精神にはさまざまな症状の障害や病気があります。このような精神の病気や発達障害は目に見えず、理解されにくい面があります。しかし、1つだけ理解してほしいのは、「なりたくてなった人はいない」ということです。遺伝が関係している場合もあります。周りの環境や人間関係から発症する場合も多いです。同じ環境でも病気にならない人もいると思われるかもしれませんが、それはその人の体質です。他の一般的な病気と変わりません。むしろ、周りの環境に合わせようと頑張ったからこそ、その頑張りに限界が来た時に精神の病気になってしまうのです。

では、精神の病気とはどう関わっていけばよいのでしょうか。**私は病気も自分の個性の一部**として、受け入れていくことが大切だと考えます。前にも書いたように、精神の病気は完治するものが少なく、病気をうまくコントロールして、付き合っていくことが大切です。私自身も、なんでこんなにたくさんの薬を飲んで、こんなに行動に制限をかけたり気を配っているのに、うまくいかないのだろうと考える時もあります。でもこれが自分なのです。だったら自分のできる範囲で、できることに挑戦して、頑張っている自分を褒《ほ》めてあげたいのです。そうやって自分や病気を悪く捉《とら》えず、認めること、そして向き合うことで、病気とうまく付き合っていけるのだと思います。私の場合は1度目の入院と2度目の入院の間が長かったため、薬は飲んでいましたが、数年間は睡眠時間や仕事量やお酒などについても深く考えず、普通に生活していました。しかし2度目の入院の後は、頻繁《ひんぱん》に入院が続き、生活や考え方を変えざるを得なくなりました。しかし、それによって病気についての理解や、自分の特性や長所、そして限界も知ることができました。これは私にとってはとても大きな分岐点だったと思います。

精神の病気自体で生死に直結することは少ないです。しかし怖いのは、精神が安定していない時に起こる、自分を責める行為や、周りに対する被害です。そして一番危険なのは、自分はいらない存在だと考えたり、自分や周りを憎んだり諦めたりして「死」を選ぶことです。そうならないためにも、まずは精神の病気については、正しい病気の理解とその人なりの対処法を見つけ、ゆっくりでも病気を受け入れて、付き合っていく気持ちが大切だと思います。

最近はメンタルクリニックや心療内科といった病院をよく目にします。また精神科の病院は以前からあります。これらは何が違うのか知っていますか。まず精神科から紹介すると、その名の通り精神疾患を治療する病院です。入院施設があったり、比較的大きな病院がこの科を掲げています。一方最近よく目にするメンタルクリニックや心療内科は漢字が意味するように心が疲れたり苦しい人が通院し、主に内科的な薬によって治療を行う病院です。

よく精神の病院に行くのが怖いとか、薬を飲むのが嫌だから病院に行きたくないと聞きます。しかし多くの人は熱やのどが痛ければ、内科の病院に行って薬をもらいます。目や耳、歯、心臓などについても、それぞれの専門病院に行ってなるべく早く治そうとします。心のつらさも同じです。早ければ早いほど軽症で、アドバイスだけで治る場合も少なくありません。心療内科に通っている患者さんは、ほとんどが普通に仕事や家事を行っている方々です。心療内科に行くことは、最近では比較的抵抗が少なくなっていきます。クリニックの先生は話を聞いてくれ、適切な薬の処方をしてくれます。カウンセリングが併設されている病院もあります。

多くの人は心について自分に厳しく、心が弱いのは、自分に負けていると勘違いして頑張ろうとしてしまいます。私自身も同じでした。ついつい人は無理をしがちです。それはつらい時も楽しい時も同じです。これは生物が持つ大きな特徴なのかもしれません。しかし本当に心が折れてしまわないためにも、早めに治療することは、とても大切なことだと私は思います。

精神疾患と薬について

精神疾患や発達障害の人の多くが、薬を処方されています。大きく分けると、以下のようになるのでしょうか。

①症状（病気）を改善するための薬

②精神の病気には睡眠が大切なため、睡眠を安定させる睡眠薬や睡眠導入剤

③副作用止めの薬

薬の量も多く、精神の薬はこわいイメージが強くて、せっかく薬を処方してもらっても、実際には飲んでいない人を、私は多く知っています。ちなみに私の副作用止めの薬は、一般でも売られている整腸剤です。精神の薬を飲むと、身体の機能がはたらきにくくなるため、排便作用も鈍くなり便秘になることが多いです。そのために便秘の薬を飲む人が多いです。また、腸内環境も整わなくなります。私はそのために整腸剤を飲んでいます。副作用止めといっても、このように整腸剤や便秘薬、吐き気止めや、薬に対しての胃の粘膜保護のための薬などが多いです。もちろん他の副作用の場合もあります。①と②については、人によっては脳を破壊する、麻薬みたいなものを飲まされていると話す人や、そう紹介している本もたくさんあります。確かに以前は、薬ばかり多くなるのに症状が悪くなっていったり、薬をどんどん増やして、何の薬が

効いているのか、分からなくなることもあったようです。しかし近年、法律が変わり、睡眠薬は2種類までとか、精神薬も薬の種類によって上限が決められていて、たくさんの種類の薬が処方できなくなっています。

確かに薬によっては依存性があったり、脳に何らかの影響を与える可能性のある薬もあります。しかし副作用があるのは精神薬や睡眠薬に限ったことではありません。副作用よりも、薬を飲む人や身体にとって、良いとされるからこそ薬は処方されているのです。がんの患者さんに副作用の強い抗がん剤やモルヒネを使って、文句を言う人は少ないです。それと同じなのです。よくお酒を飲まないと眠れないという人がいますが、お酒で眠るよりも睡眠薬の方がずっと身体や脳への負担は少ないといわれています。

また最近は、睡眠薬や精神薬も身体や脳にダメージの少ない、副作用の出にくいものが多く開発されています。確かに認知行動療法などで、薬に頼らない治療方法によって改善する人もいます。西洋医学ではなく、漢方薬などの東洋医学の薬もあります。しかし病院にかかり、主治医から処方されているのならば、きちんと服用し、合わないのであれば主治医と相談しながら、自分の症状に合った、自分を楽にしてくれる薬を飲むことが大切だと思います。昔の主治医が、薬は飲んでも飲まなくてもいいけれど、サプリメントのような感覚で飲んでほしい、と言っていました。薬は極力飲まないけれど、サプリメントは積極的にとる人は案外多いです。なぜかといえば、いつまでも健康で元気でいたいからです。医薬品である薬はサプリメントよりも厳重に安全面や効果の面でデータや実験により保証されたものです。だから、もっと薬を信じて飲んでもよいと思います。

薬を処方してもらう時に大切だと私が思うのは、自分の今の症状をなるべく正直に、良いことも悪いことも主治医に話すことです。私の友人に話を聞くと、なぜだか主治医には、良いことか悪いことかのどちらかしか話せなかったり、人によっては何も言えなくなり、本当の今の状態を伝えられない人が多くいます。そうなると自分に合った薬はもらえず、症状も悪くなっていきます。そして薬や主治医への不信感からますます悪循環になって、なかなか症状が改善されない場合も多くあります。薬についても、自分の身体の状態についても、良いことも悪いことも困っていることも、自分の願いや考えも話した上で、主治医と相談しながら薬と付き合っていくことが大切だと思います。

依存症について

依存症といわれると、こわいイメージがありますか？　依存症には薬物依存やアルコール依存など、あまりいいイメージがありません。しかし依存自体は人間であればあたりまえのことです。赤ちゃんは、ほぼ大人に依存して成長します。また老いた時も、多くの人は何かしらの人やサポートに頼って生活しています。一人で生きているという人も、何かしらの言葉や本、存在に支えられながら生きていると思います。では依存症と呼ばれるものは、何が問題で病気の1つとされているのでしょうか。

依存症は、薬物やアルコールの他にもギャンブル、買い物などがあり、人への依存も程度を超すと依存症と呼ばれます。スマホなどが手放せない人も程度を超すと、ネット依存症などと呼ばれ、治療の対象になります。最近ではたばこも依存症として医療機関での治療があります。他にも治療の対象にはなりませんが、毎日コーヒーを飲むことが日課になって、コーヒーを飲まないと落ち着かない人も、私から見れば立派なコーヒーやカフェインの依存症だと思います。

依存症は、その行為が自分の意志ではやめられなくなり、自分自身の身体や社会的地位、財産を脅《おびや》かしたり、他人にまで迷惑をかける状態をいいます。つまり、お酒が好きで、毎晩お酒を楽しく飲んでいることは依存症といいませんが、お酒がなくては眠れなくなったり、イライラしたり、人からお金を借りたり暴力をふるったりする、あるいは身体を壊してまで、お酒が止められない場合は依存症といいます。

いろいろな依存症がありますが依存症の怖いところは、治療薬が基本的にないことです。行為自体を自分でしているので、自分が本気でやめようと意志を持って取り組まなくては治りません。これらの行為にも脳が関係しています。依存を起こす行為は、それによって幸せな気分になったり、逆に不安な気持ちを感じなくさせます。しかし、それは一時的なものです。止めると必ず禁断症状があり、その不安な気持ちや焦りや苛立《いらだ》ちから、だめだと分かっていても再び行為を始めてしまうため、依存症から抜け出すには、一生かかるといわれています。そのくらいいったん依存症になってしまうと、治すのは難しいのです。

前にふれましたが、人への依存もあります。エスカレートした時、一方的な場合はストーカーと呼ばれ、お互いに依存している場合は共依存《きょういぞん》といいます。ストーカーの怖さについては多くの情報があると思いますが、共依存という言葉を知らない人もいるかもしれません。共依存とは文字通り、お互いが共に依存し合い、それによって二人とも悪い状況から抜け出せなくなっている状態をいいます。共に協力や相談し、頼りあうこと自体は良いことですが、それは二人が自立した人格と意思を持っていて初めて成り立ちます。しかし、お互いの人格を支配し合っていたり、相手を支えているつもりでも、それによって実は自分自身が保たれている場合も多くあります。そういった場合は、なかなかお互いが離れることができません。親子関係や恋愛関係、夫婦関係で起こりやすい状態です。

共依存の怖さはなかなか本人達にその自覚がないことです。相手に良かれと思ってやっている言動が、実は自分自身のためにやっていたり、逆に相手に強く要求してしまうことが多くあります。このような状態は、あまり望ましい状態とは言えないと思います。要求されている側も、つらいのは分かっているけれど、あの人がいないと寂しいとか、あの人には私しかいないからと、関係を切れないことが多くあります。

繰り返しますが、依存症の怖さは、基本的に薬はなく最終的には自分で止めるしかないことです。自分でその行為などから離れ、別の何かで気持ちを変えていくしか、方法はありません。ここで大切になってくるのは、やめようという意志ですが、その支えになってくるのは、周りの理解やサポートです。飲酒などでは断酒会《だんしゅかい》が多くありますし、薬物などもダルクなどの団体が有名です。依存症の場合は、依存症の人同士がお互いの気持ちや状態を話し合い、共有することが克服に大きくつながると考えられています。また、当事者の家族の会も多く存在します。つらいのは自分だけだという気持ちが、ますます状態を悪化させますが、同じ境遇の人同士が話し合うことによって、自分だけではないという安心感や気づきが生まれます。これを、ピアサポートといったりします。また、依存症の人は、その状況を隠しがちですが、なるべくオープンにして、周りの人達にも共有してもらうことも大切です。

ほとんどの依存症は一生つきまといます。しかし依存症は克服していかなければ、自分も周りも不幸にします。また最悪の場合、死につながる場合もあります。依存しなくても元気に生きていられる、そんな状態が好ましいと思います。

元気と病気の関係
元気になるって結局どういうこと？

ここまで人間についての話から始まり、いくつかの病気や障害、依存症について説明してきました。それでは元気になるとはどういうことなのでしょうか。確かに病気や障害は大変なことも多いですが、元気でいることと、病気や障害の有無は関係ないと思います。なぜかといえば、これまで述べてきたように、精神疾患や障害は、個性のようなものであり、特別なことではないからです。

重い病気や障害を持っていても元気な人は大勢います。逆に病気ではない人でも、元気がないと感じる人もたくさんいます。私の周りや知り合いには、難病などの重い病気や障害を抱えながらも、笑顔でバリバリと仕事で活躍していたり、趣味の世界などで楽しく生活している人がたくさんいます。がんで余命数か月といわれながら、元気に活動をされている方も、私の周りに何人もいますし、がんや難病でも生き生きと活動されている方の実話に基づいた映画や、講演会をされている方も、たくさんいらっしゃいます。その一方で不安や悩みを抱えながら、家からほとんど外に出られない友人もいます。

では元気に生活している人の共通点は何でしょうか。私は、「自分と向き合い、自分を受け入れている人」、「前向きに毎日を生活している人」だと思います。生きていたら嫌なことや、つらいことはたくさんあります。自分の嫌いなところや、うまくいかないことは目につくものですが、これらには、考えても努力しても変えられないこともあります。しかしどんなにつらい状況でも、嫌な自分でも、1つくらいは良いこともあるはずです。そこに目を向けられれば、「自分の人生も捨てたものではない」と元気が出てくるはずです。また、「今はうまくいかないけれど、いずれはまた良いことが起こる」と信じることで、元気も出ます。これはなかなか簡単にできることではありません。どんな人だって元気でいられる時もありますが、嫌なことがあったり、別にそうでなくても元気の出ない時は、必ずあります。では元気が出ない理由は何でしょう。おなかがすいている、寝不足、身体の不調、嫌なことや悲しいことがあったなど、単純に分かりやすい理由であれば、それが解消する方向に進めていけばいいのです。厄介なのは、理由が分からない、あるいは理由が分かっていてもどうすることもできない場合です。どうすればよいのでしょうか。第二章では人が元気になれない理由について、第三章では元気になるにはどうしたらよいのかを考えていきたいと思います。

コラム

今時の閉鎖病棟《へいさびょうとう》事情

精神科には、多くの場合、閉鎖病棟があります。閉鎖病棟と聞くと、こわいイメージを持たれる方も多いと思いますが、現在の閉鎖病棟は私が体験した5か所の病院ともとても快適なものです。よく想像される入院とは全く違う明るいものです。あたりまえですが3食のご飯がバランスを考えられて出てきます。クリスマスやお正月、バレンタインなどには行事に合わせた食事も出されます。そして体温や血圧を測ったりしますが、あとは基本的に自由です。ぬり絵をしたり、雑談をしたり、体操したり、最近の病棟ではスマホや音楽機器も持ち込めるところも増えたので、音楽を聴いたり、SNSをしたり、ゲームをしている人もいます。トランプなどの懐かしいゲームや、将棋や囲碁《いご》なども大抵の病院には揃っているのでみんなで一緒にやっています。漫画や本、雑誌も置いています。人によっては退院したけれど、居心地が良くてまた戻ってきてしまう人もいるくらいです。

ただ、どこの閉鎖病棟にも、隔離室《かくりしつ》（保護室）というものがあります。この部屋は基本的に監視カメラがついており、自分では流せないトイレの便器とベッドしかありません。隔離室とは自分では抑制ができなくなった人が入り、冷静になるまで休むという文字通り隔離される場所です。これはなかなかなじむのに時間が必要というか、なじめない人が多く、恐怖に感じる人がほとんどです。しかし、隔離室に入る時は精神的にかなり不安定な状態の時だけです。その時には、食べること、寝ること、薬を飲むことしか考えずあとは眠っていたり、ぼーっとしていることによって、患者さんは次第に精神的に安定してきます。そして本来の自分を取り戻していくのです。そう考えれば、隔離室も必要な場所であると私は思います。

第二章

人はなぜ、なかなか元気になれないの？

元気になれない人の中には、自分は誰にも必要とされていない、自分は何をやってもうまくいかないと感じている人も多いと思います。しかし本当にそうでしょうか。それらに対処法はないのでしょうか。また、最近世の中では、いろいろな問題が起こっています。それらに不安を感じている人も多いと思います。しかしその不安から元気をなくす必要はあるのでしょうか。問題があるのなら解決していけばよいのです。この章では、人がなかなか元気になれない原因について考えていきたいと思います。原因を正しく理解すれば、それだけで安心感や対処法が見つかるかもしれません。

なぜ愛情は生まれるのだろうか

元気になれない理由の一つとして、愛情の問題が考えられます。周りの人と、うまくコミュニケーションが取れなかったり、身近な人から愛されていないと感じると、人はなかなか元気になれません。人間はその名の通り、人と人との間で生きる生物です。人が何人かいれば、「愛」というものが生まれます。それは友情だったり異性への愛だったりさまざまです。また人は人間だけではなく、他の動物や植物、または物に対しても愛情を注ぐ生物です。では愛情とは何でしょうか。愛しているものへの感情ですよね。では愛しているものへは、どんな感情が生まれるのでしょうか。何かをしてあげたくなりますか？　何かを買ってあげたくなったり、作って渡したくなりますか？　たくさん話をしたり、世話を焼きたくなりますか？　それとも、もっと構ってもらいたくなったり、自分のことも、同じように愛してもらいたくなりますか？

愛情といっても、人それぞれいろいろな感情があると思います。それらをひっくるめて愛情と呼ぶのだと思います。では、愛情はなぜ生まれてくるのでしょうか。また、人はなぜ、いろいろな人や物を愛したり、愛されたいと思うのでしょうか。これも諸説あり、答えのない問題ですが、考えていきたいと思います。

今回は人への愛情にしぼって考えたいと思います。人はなぜ、誰かを愛したり、愛されたいと思うのでしょうか。生物学的にいえば、おそらく自分と同じ、遺伝子である子孫を残すためにあるのだと思います。これは人間に限らず、動物や植物にも当てはまることです。しかし、このような本能だけで人は愛情を持つのでしょうか。ここでも実は、脳が重要な鍵を握っていて、愛情というものによって喜びを感じたり、幸せな気分にさせられるからではないかと思います。人は誰かを愛したり、愛されていると感じると、幸せホルモンが出るといわれています。この幸せホルモンを出す、中心にあるのがまさに脳です。脳によって人は愛情を求め、愛したり愛されることに喜びを感じるのです。これは異性に限ったことではありません。同性であっても感じますし、子どもや親に対する愛情もあります。

愛情と友情との境目《さかいめ》とはなんだろう

では、愛情と似た言葉で友情もありますが、何が違うのでしょうか。簡単にいえば友情は友達に対する好意的な感情です。よく異性での友情は成立するかしないかと議論になったりしますが、私は異性でも友情は成立すると思います。私には夫がいますが、多くの異性の友人もいます。その友人と一緒に、夫のいない場所で食事もするし、遊びにも行きます。それを許さない男性もいると思いますが、認めてくれている夫には感謝しています。その友人にはもちろん友情を感じていて、自分にとって重要な存在です。

では愛情と友情は何が違い、どこが境目なのでしょうか。私はこの2つには大きな違いがあると思います。その差は情の深さです。友情はどんなに親友でも愛情に比べれば浅いものだと思います。付き合いをやめようと思えばやめられるし、責任もありません。だからこそ友達の場合は、一歩冷静になって、相談ができるのだと思います。また嫌になったら、比較的簡単に関係をやめることができます。しかし愛情の場合は違います。

愛情を感じる相手には、家族、恋人、ペットなどが挙げられるでしょう。これらの相手はたとえ自分の思い通りにならなくても、なかなか愛情を捨てることはできません。場合によっては、報われなくても愛情を与え続け、時には度を越してしまうことすらあります。経済的なことも、友情とは違い関わってきます。また、友情はある程度お互いの信頼関係によって成り立ちますが、愛情は必ずしもそうとは限らないと思います。自分は愛情を感じているのに報われないこともあるし、反対のこともあります。これは恋愛関係だけでなく、親子関係にもいえることだと、教員として多くの親子を見てきて思います。誰でも愛している相手には自分と同じように、もしくは自分以上に愛してもらいたいし、より良く生きてほしいと思うものです。しかしなかなかうまくいかないことも多いようです。

私は、愛情もとても大切だと思いますが、同じように友情にも重きを置いています。また現代の若い世代である学生も、愛情ではなく友情にとても大きな重きを置く風《ふう》潮《ちょう》があると思います。友達をたくさん作りたい、友達に認めてほしい、友達が少なくて悩んでいるという声をよく耳にします。

友情を感じられる友達を作るのに大切なことは、まず相手を尊重することではないでしょうか。友達との関係で独占欲を出したり、自己中心的な態度をしていては友情を感じられる関係は作れません。もちろん愛情についても同じことが言えます。自分に感情があるように、相手にも感情があるのです。それを自分が支配しようとすれば、相手が良く思わないのは当然です。お互いが、相手の感情や人格を尊重して、初めて愛情や友情がうまく保たれるのだと思います。

私が友情にも重きを置いているのは、友情の場合は、相手を尊重しないと関係が長続きしないからです。その分、自分の言動に責任を持つことになるし、相手も自分のことを冷静かつ客観的に見て接してくれます。また、愛情や友情を向けられる相手が多いことが、良いとは必ずしも思いません。友達がたくさんいるのは良いことですが、十人のちょっとした友達がいるよりも一人の親友がいた方が、はるかに頼りになるし貴重な存在です。ただ、愛情や友情を向けられる相手が一人しかいないのも危険な気がします。この場合、その一人に依存し過ぎたり、その一人を失った時の悲しみが大きいからです。そうならないためにも、いくつかに分散させて、愛情や友情を持っていられる方が、一般的に元気で幸せな生活を送ることができると思います。

さらに最近の人は愛情を強く求めたり、友情に大きな期待や要求をする人も多い気がします。そしてそれがうまくいかなかった時に、反動として大きく失望したり、怒りに変わることがあります。元気で幸せな生活からはどんどん遠ざかってしまいます。

欲求の種類と自己肯定感《じここうていかん》

人間にはさまざまな欲求があります。欲求が満たされれば元気に幸せな気分になれます。たくさんある欲求の中でも、三大欲求と呼ばれるものがあるのを知っていますか。いろいろな説があるのですが、もっとも有名な三大欲求は「睡眠欲」「食欲」「性欲」といわれています。これらの欲求は、人間が生きていくために、または生物として遺伝子を残していくために必要な欲求です。しかし今、この三大欲求がうまく機能していない人が大勢います。睡眠障害、食欲不振や拒食症、性欲不振などです。これらは日本人にも多く見られていますが、言い換えればこれは、日本人の生存危機ともいえます。この危機に気づいている人は案外少ないのではないでしょうか。

一方で人間の欲求はこの3つだけではありません。マズローという人が考えた欲求5段階説というものが有名です。この考え方によると、欲求には5つの段階があり、ピラミッド状になっていると考えます。下の層が満たされてはじめて、次にある上層の欲求を満たすことができるという考え方です。つまり、いくら上層の欲求を満たそうとしても、下層の欲求が満たされていなければ上層の欲求を満たすことはできないという考え方です。

一番下位の基本的な欲求は「生理的欲求」といわれ、「食欲」「睡眠欲」「排泄欲」などが挙げられます。2番目の欲求は「安全の欲求」です。心身ともに健康で、経済的にも安定して暮らしたいという欲求がこれに当たります。3番目は「社会的欲求」です。これは、友達や家庭、会社や社会から受け入れられたいという欲求です。4番目は「承認《しょうにん》欲求」といわれるもので、他人から尊敬されたり、認められたいという欲求です。出世欲もこの欲求に当てはまります。最後の5番目で、ピラミッドの頂点にあるのが「自己実現の欲求」というもので、自分にしかできないことや、自分のやりたいことをやり、自分らしく生きることについての欲求です。

人はよく、自分らしく生きなさいとか、やりたいことをやりなさいと言いますが、これは実は一番難しい欲求です。下の4つの欲求が満たされていなければ実現することは困難とされています。現代社会では、食欲や睡眠欲といった、最も基本的な生理的欲求すら、満たされていない人が多くいる状況です。また健康を害したり、経済的に不安定な人も大勢います。人付き合いに抵抗や苦手意識を持っている人も大勢います。そんな中で「自分らしく生きる」という、最も難しい欲求を満たすのが困難なのはあたりまえです。そんなつらさの中で現代人は生きているのです。

また現代の日本人は、自己肯定感が低い人が非常に多いといわれています。自己肯定感とは、自分自身が価値のある存在だと考え、自分で自分の存在を認めてあげることです。これは他人からの承認欲求とは異なります。承認欲求が強いと、他の人よりも優位に立ちたいという気持ちが強くなり、それが叶わないと他人への妬《ねた》みや恨みが生じます。そしてその原因は自分が悪いと自己肯定感を下げてしまいがちです。例えば、「家が貧しかったから進学できず、自分の夢が叶わなかった」「親が悪いから、自分はこうなった」「あの人がいたから、自分は力を発揮できなかった」といった感情は、他人からの評価に多大な価値を置くために、人と比べてしまい、他人への憎しみを生んでしまうことにつながります。自己肯定感は、自分の価値を自分自身が認めてあげることなので、例えば「こんな境遇の中でも頑張っている自分はえらいな」とか、「親には嫌な思いをさせられたから、自分は違う道を生きていこう」とか、「あの人は頑張っているけれど、自分は別のところで頑張っている」と考えることができれば、自己肯定感は高まっていきます。自己肯定感が高いほど、人は元気で幸せに生きていけるといわれています。しかし人はなかなかうまくは考えにくく、どうしても他人と比較したり、他人のせいにしたがる傾向があります。そのような流れから心を病んでしまったり、うまくいかない感情が、時として他人への怒りや憎しみへ変わる場合もあります。まさに負の連鎖です。

怒りや憎しみはどうして生まれるの？

愛情の逆にある怒りや憎しみの感情は、どうして生まれるのでしょうか。誰だってそんな感情はできれば避けたいものです。しかし、このような感情も実際に多くの人が持つものですし、これらの感情は愛情などの良い感情に比べて、より根深く長く続く場合も多いです。

怒りや憎しみの感情は、主に自分の感情や思いに対して相手や周りと意見が分かれたり、自分や自分の大切なものに対して、負の作用がはたらいた時に起こります。また反対に、好きだからこそ生まれる憎しみもあります。ストーカーによる犯罪もその一部です。似ている人同士は気が合い、仲良くなれそうですが、反対に嫌なところも似ていて嫌いになる場合もあります。これらは全て相手に対して感じている感情ですが、実は自分が中心となって生まれてきます。愛情などの喜びは相手から発せられ、それに応えることも多いので、案外早く気持ちが薄れることもありますが、自分が作り出した怒りや憎しみは、自分が抱え込んでいる限り消えません。愛情が感じられないのも悲しいですが、怒りや憎しみを持ち続けていることの方が、ずっとつらいことです。満たされているのは、負の感情だけだからです。こんなことでは、健康的で元気な状態にはなれません。ではこのような感情をなくしたり、コントロールする方法はないのでしょうか。

怒りや憎しみをコントロールする方法はないのか

怒りや憎しみといった感情は、持ち続けているとあまり良い気分はしません。怒りについては最近「アンガーマネジメント」という言葉があり、怒りをコントロールする方法として知られています。アンガーマネジメントで一番有名なのが「6秒ルール」というもので、怒りが湧《わ》いてきたら、6秒間、心の中で数えて我慢するという方法です。これは怒りのピークが6秒程度であることから、この時間を我慢することによって怒りが少しずつ薄れ、冷静になれるという考え方です。その他にも、いくつかの方法や考え方がありますが、この中で大切なことは、怒り自体は悪いことではないということです。ただし怒りを相手に変にぶつけると、相手との関係が悪くなったり傷つけたり、また自分自身も悪い立場になるためにコントロールすることが必要なのです。そのために怒りを抑えたり、相手に対する言い方を変えたりする方法がアンガーマネジメントです。

怒りも憎しみも、大切なことは一度冷静になることです。怒りや憎しみを持つ多くの場合は、嫉妬《しっと》や妬《ねた》みなども含まれます。例えば、自分よりも恵まれていたり、才能を発揮している相手に対して、自分自身と比べた時に起きる、ふつふつとした怒りや憎しみの感情はやっかいです。これらの感情は、自分の内面から出るもので、そのまくすぶっていてもエネルギーにはなりません。

こういった相手に出会ったら、まずは距離を保ちながら、冷静に分析することが大切です。この怒りをそのままぶつけたら、相手はどんな気持ちになるか、自分はどんな印象を与えて、どんな立場になるのか。憎しみをこのまま持ち続けたらどうなるのか。何か良い解決方法があるのかを、考えることが重要になります。冷静になるには時間と距離が必要です。6秒で冷静になれる人はいいですが、なれない場合はいったん少し場所を離れてみればよいのです。怒りや憎しみを持った人とはいったん距離を置き、なるべく別のことを考えるようにします。そうしているうちに忘れてしまえればその程度のことです。忘れられなければ、なぜこの感情が生まれるのか、どうしたらそれが自分にとって、また相手にとっても良い結果になるのかを考えればいいと思います。

最近の諸問題はなぜ起こる？

ここからは少し人の感情から離れて、最近の社会問題について考えたいと思います。この章のはじめにふれたように、近年さまざまな自然災害や社会問題が起こっていて、それによって多くの人が心を痛めています。自然災害や社会的な問題に直面して、実際に苦しんでいる人も多くいますが、そんな現状を知り、自分にも起きたらどうしようと、必要以上に心配したり嘆《なげ》いたりして、自分自身が元気や希望をなくす人も多くいるように感じます。

どのような事態や現象にも、それが起きるための理由が何かしらあります。その理由が分かれば、場合によっては対処法があり、予防したり、悪い状況をなるべく最小限にできると思います。また理由が分かるだけで、安心できたり納得できたりします。理由が分からないからこわいのです。人は同じ現象に遭遇しても、それに対して受け取る感情はさまざまです。しかし正しい理解があれば、前向きに行動する感情が持てるはずです。

異常気象・地震や火山活動について

最近は、毎年のように豪雨《ごうう》災害、竜巻や猛暑の問題などが世界中で起きており、どこで災害が起きても珍しくないような状況です。このような異常気象は地球温暖化が関係しているといわれています。地球は氷河期と温暖期を繰り返しており、今は温暖期に当たります。そのうえ人間がたくさんのエネルギーを使い、二酸化炭素などを放出していて温暖化が進んでいます。そのために今までにないほど災害が起きているといわれています。しかし本当に今までにない災害なのでしょうか。現在のようにさまざまなデータを細かく分析したり、統計を取ったりしているのは、およそ百年前後です。昔の書物にも災害についての記述がありますが、それがどの程度だったのかを、詳しく知ることのできる文献《ぶんけん》は多くありません。地震や火山の噴火にしても同じです。地球は生きているといわれるように、地震や噴火は定期的に起こります。この百年、大きな噴火や地震が起こらなすぎるという科学者もいます。ということは、これからますます地震や噴火などの自然災害が起こってもおかしくないということです。

　地球の流れを止めることはできません。しかし人間は幾度《いくど》となくそういった災害を受けながら、それを乗り越え生きてきました。乗り越えるだけでなく、対策を取ったり活用する方法も見つけてきました。例えば河川の氾濫《はんらん》は大きな被害を生みますが、それを利用して、稲作の農耕地帯を作ったりして、先人達は災害を発展に変える工夫をしています。古くは〝エジプトはナイルの賜物《たまもの》〟といわれたように、河川の氾濫は肥沃《ひよく》な大地を堆積し、高度な文明を築いてくれることもあります。

　まだ起きていない将来のことで悲しんではいられません。これから先、何が起こるかは分かりませんが、今までも乗り越えてきているという事実を忘れないでほしいと思います。そして現在は、昔にはなかったデータや研究が進められ、それぞれのメカニズムが解明されたり、その対処方法が紹介されつつあります。災害を恐れるのではなく、いかにうまく付き合っていけるかを考えるべきだと思います。

地球は大きく偉大なものですが、実はとてもデリケートで、微妙な温度変化やプレートのひずみなどの関係で大きな影響が出てきます。地球は危ういものであると認識し、それに備えることが大切です。

戦争やテロについて

戦争などといった戦いは、太古の昔からありました。人が2人以上いると意見が合わずケンカが起こるように、2つ以上の集団ができると対立したり、自分達の方が強いと認めさせたり、従わせるために争いが起こったりします。それが国同士で起こったり、国の中でも多数の人を巻き込んで、武力を使って戦うと戦争や内戦となります。人はせっかく言語を持ち、意見を言い合い考え、協力できる生物なのに、相手を従わせようとすると、結局一番簡単な方法として、自分を強く見せるために武力で強引に従わせようとします。テロリストは自分達の主張を通すために、やはり武力等で周りに主張します。結局、一番簡単な手段は相手を怖がらせ、自分が強いと周りに見せつけることだと考えているからです。そして戦争の場合は、領土を奪ったりします。このような戦争は日本の中でも、また別の国々でも歴史上繰り返されてきています。問題なのはそこで被害を受けるのが、多くはその戦争には無関係だったり、本来ならこんな戦争はやめてほしいと考えている人達だということです。

現在も世界中で大小さまざまな戦争や内戦、紛争、弾圧などが起こったり、緊張状態にあります。そんな中で人類が進歩していると感じるのは、自分の国と関係のない戦争などにも仲裁を試みたり、各国が団結して、なるべく武力を使わないで、戦いを終わらせようとしていることです。そんなことは昔からあったと思う人もいるかもしれませんが、現在の方がより、世界規模で一丸となって、なるべく武力に頼らない解決を試みていると思います。世界規模になった背景には、現代の社会がグローバル化され、他国の戦争で自分の国にも影響が出てしまったり、それに対する駆け引きなども、大きく関係していると思います。それでも世界がなるべく団結して、世界全体を平和にしていこうとすることはとても良いことです。世界中のみんなが平和に、のびのびと生活できる世界を創ることは難しいですが、そういった方向に向かおうと努力できているのではと思います。

差別や偏見について

差別や偏見は良くないことですが、これも多くの人間が持つ心理です。これらはなぜ起こるのでしょうか。難しい問題ですし、私は専門家ではないので正解を言えません。またおそらく正解はないと思いますが、私が生物学的観点から考えると、「自分を守るため」にあるのだと思います。具体的にいうと自分と同じような価値観の仲間を作り、それ以外を排除しようとする考えからくる心理です。第一章の初めにふれましたが、生物に共通している最大の関心事は自分、もしくは自分の種《しゅ》を次の世代に残すことです。そのために生物はどんな手段でもとりますし、それぞれの生物はたくさんの武器を持っています。人間にとっての武器の1つが、悲しいことに「差別や偏見」だと思うのです。この人は自分とは違うと感じたり、自分とは意見が違うと感じると、自分の方が正しく、相手の方がおかしいから排除しようとする考え方、これが差別や偏見です。差別や偏見の多くは、自分や周りの偏った考え方によるものであり、本当に正しいことではありません。しかしそれが、さも正しいかのように正当化されて表現されたり、いじめなどを巻き起こすことがよくあります。さらに大きな意味では紛争やテロ、戦争にまで発展していきます。しかし元を正せば自分が一番かわいいだけで、自分を認めてほしかったり、自分の力を周りにアピールしたり、仲間を増やしたり支配しようとするために差別や偏見は起こるのです。

一方で生物行動学という学問の中では、生物は仲間と協力し合うことで、自分や自分の種《しゅ》を残したり、強めることができると実証されています。例えばハチなどが良い例です。ハチは、女王バチがいて、エサとなるミツを集めてくる働きバチがいて、巣の周りで見張りをするハチがいて、赤ちゃんの世話をするハチまでいて、それぞれが分業作業をしています。案外知られていないのは、働いているハチは全てメスです。またメスの中で卵を産むのは巣の中で女王バチ1匹だけです。女王バチといっても、ひたすら卵を産み続けなければならず、なかなか大変な役割だと私は思います。オスは何をしているかというと、交尾の準備としてフラフラして、ちゃっかり食事はきちんととるようです。

またアリの世界では面白いことに、よく働くアリ、普通のアリ、ほとんど働かないアリが一定の割合でいるそうです。そしてよく働くアリだけを集めて集団を作ると、これまでよく働いていたアリばかりの集団であるにもかかわらず、また同じ割合でよく働くアリ、普通のアリ、ほとんど働かないアリが同じ割合にできるのだそうです。

どんな集団の中にも、いろいろな人がいます。この人はなんでこんなに仕事をしないのかとか、なんでこんなに意見が合わないのだと感じる人がいたとしても、どんな人にもその人にしかない役割があり個性があります。それを認め生かすことで、人間という種《しゅ》をもっともっと生かす時代になれば良いなと思います。世界中のみんなが元気で平和に生きられる社会になることが一番です。そのためにはお互いを認め合い、良さを出し合いながら、助け合って良い未来を作っていこうと考えることが大切だと思います。

居場所がないってつらい‼（難民と遊牧民の違い）

みなさんには「居場所」と呼べるところがありますか？　自分の居場所がないのは、

人間だけでなく生物として生きていくには、とてもつらいことだと思います。例えば植物でも、多くの植物はそれぞれの場所に根を張り、そこに根を広げて大きく成長していきます。動物も同じで、巣などを作り、そこを拠点として休憩したり子どもを育てます。自分が安心して素の自分でいられて安らげる場所、安心して自分の思っていることが話せる場所が居場所だと思います。そういった落ち着ける場所は誰にとっても大切です。難民は自分の居場所がないということです。また難民でなくとも、自分の居場所が持てないことは、とても苦痛です。

私は休職期間中に、仕事復帰のための復帰訓練をしました。その時に職員室の机が足りず、自分の机がありませんでした。私の代わりに別の先生が教えてくださっているのだからあたりまえの話です。ただ私も学校に行けば、やらなければならない作業や、やりたいことがあります。仕方がないので毎日空いている机を確認して使わせていただいたり、日によっては午前と午後で別の机を使ったり、時には図書室に作業場を移したりしました。私は作業道具と筆記用具やコップなどを持って、毎日机を転々としました。たったこれだけのことなのに、いつも机の引き出しにしまってあった、はさみ等の筆記用具類、参考資料や教科書など諸々のものがないだけで、こんなに不自由なのだと実感しました。

一方で人によっては、あえて特定の居場所を持たない人もいます。いわゆる自由が好きで、自由に居場所を変える方が落ち着く人です。そんな人は難民よりも遊牧民に近いと思います。遊牧民は羊などを飼い、そのエサとなる草の生えた土地を転々と巡《めぐ》りながら生活する民族です。遊牧民は自分で好んだ土地を選び生活します。それは自分の意思によるものです。しかし難民は違います。本来ならば帰りたい場所があったり、居場所を作りたいのに居場所がない人なのです。自分の意思によるか、そうでないかは大きな違いだと思います。居場所がないということは、将来に対して不安に思ったり、心の安定を脅かすことになると思います。

日本でニートや引きこもりが増える背景

日本では、ニートや引きこもりが増えていると問題になっています。厚生労働省によると、ニートとは「家事・通学・就業をせず、職業訓練も受けていない15～34歳」と定義されています。それに対して引きこもりは「さまざまな要因の結果として社会的参加を回避して、原則的には6か月以上にわたって家庭にとどまり続けている状態（他者と交わらない形での外出をしていてもよい）を指す現象」と定義されています。

なぜ、日本ではニートや引きこもりが増加しているのでしょうか。ニートと引きこもりは、共通するところもありますが、少し別にして考える必要もあると思います。

まずニートは義務教育が終了して、新しい自分自身の社会へと巣立っていくはずのものが、十分に羽ばたけずにさまよっている状態です。本来であれば、家庭や学校の義務教育での進路学習の中で、自分について考え、この先何を頑張ろうかと考えられるのが理想です。しかしそれが十分にできていなかったり、また何かの拍子でそれがうまくいかなくなる場合もあります。そんな時は一度ニートになってみて、自分を振り返ることも大切だと、私は思います。人にはそれぞれのペースやタイミングがあります。だから自分のペースがたまたま進路選択の時期に乗り切れず、ニートとなってしまうこともあります。また、進路を選ぶ元気や気力がなくなってしまい、ニートになってしまう場合もあります。その場合の自分探しの時間は、ある意味ではとても貴重な時間であると思います。

一方で、引きこもりについては少し心配な面があります。それは、家庭内でしか人間関係を築くことができなかったり、ひどい場合には部屋に閉じこもりきりになり、トイレ以外には部屋から出ず、家族とも人間関係を絶っている場合も多いからです。この場合には家族も大きな悲しみや不安を抱きますが、一番苦しいのは本人です。誰だって一人きりで部屋に閉じこもり、食事も眠るのも一日の生活全てを1つの部屋で、それを何年も行うのはとても苦痛で、苦しく嫌なものだと思います。しかし引きこもりの人にとっては、部屋に閉じこもり、他人から自分を遠ざけることが、その人自身のその時にできる最善の方法なのです。だから私は引きこもりについても否定をしません。その人が選んでいる最善の方法であり、そうするしかないからです。

引きこもりにはいろいろな要因があり、中にはそれに慣れてしまって、外部とのコミュニケーションを取るのに抵抗が出てきたり面倒になったり、あるいはコミュニケーションの取り方が分からなくなり、何十年と引きこもりを続けている人も多くいます。一人の方が楽だからです。他人から嫌なことを言われたり、嫌な思いをすることがないからです。言い換えれば、その人は引きこもりになるまでに、それだけ多くの嫌な思いを我慢し続けて、頑張ってきていたのです。しかし何度もいうように、人間は人と人の間で生きる生物です。嫌なことや苦しいことも人間関係や社会にはたくさんありますが、それと同時に楽しいことや感動、喜びもそこから味わえます。引きこもりをしている人にも、是非《ぜひ》その喜びや感動を再び味わってほしいと思います。

現在、引きこもりについてはたくさんの支援団体や、引きこもりを持つ親の会などがあります。引きこもりは、本人はもちろん親や家族など周りの人も苦しいものです。困っている方や興味のある方は、是非そのような取り組みにも積極的に参加してみてください。

話は少しそれますが、私は「二度あることは三度ある」と「三度目の正直」という言葉が好きです。最初の言葉は、同じような失敗や出来事はまた起こるという言葉です。反対に「三度目の正直」は、2回はうまくいかなくても、次は成功することを信じて頑張る時に使います。これらの言葉を使いながら、なぜ4度目はないのかな？と考えたことがあります。日本人は「4」という数字は死を意味したり、不吉だと言って嫌う傾向がありますが、反対に四つ葉のクローバーや幸せの象徴として「4」が好きな人もいます。しかし、言葉の中で「4」という数字はあまり使われません。なぜなのでしょう。3回も失敗したらもうあきらめた方がいいのでしょうか。確かに3回も失敗すると、人はショックが大きいのかもしれません。でも4回目はあってもいいのです。なぜなら「七転び八起き」という言葉があるからです。3回を超えると、次は7回くらいまで頑張れるのです。そして7回転べば8回起き上がれるくらい、人間は強いのだと、この言葉は教えてくれているのだと私は思います。人生の途中で、うまくいかなかったり、しばらく休憩していても、何度でも再挑戦していけばいいのだと思います。

即戦力《そくせんりょく》と終身雇用《しゅうしんこよう》とこれからの社会のしくみ

日本の昔ながらの会社のしくみとして代表的なものに、終身雇用制と年功序列制《ねんこうじょれつせい》があります。これからの社会にはそぐわないと見直されており、現在はどちらかというと、実力主義で即戦力が求められています。私は終身雇用や年功序列にも意味があると思います。

終身雇用制はその名の通り、一生その職場で働くことを前提としています。会社側も最初の数年は、研修制度やフォロー体制も厚く、1度や2度の失敗はあたりまえのように許されていました。職人や技術職の場合は、簡単なことから慣れさせて、徐々に本格的な作業を任されるようになります。キャリアや実力は、経験として比較的自然と身についていくことになります。しかし現在のように新入社員自身が、この会社に長くいたくないと思っていると、うわべだけのキャリアや実績を身につけるだけで、基本的なマナーや手順などはいい加減になります。会社側も数年しかいないであろう新人に対して、丁寧な研修やアドバイスは無駄なので、必要最低限のことしか教えなくなります。そして即戦力を求められます。新人も先輩も実力や結果が求められているので、ちょっとした失敗でもきつく指導されたり、重大案件として扱われてしまう場合もあります。そのため即戦力を求められる新人は、仕事に対して大きなプレッシャーやストレスを感じることが多くなります。

確かに実力のある人もいます。即戦力として自分の力を発揮できる人もいるでしょう。でも私は違いました。数え切れないほど大小の失敗をして、たくさんの先輩や後輩にも迷惑をかけてきました。しかしその失敗があるからこそ、次につなげて今の自分があります。私自身は実力主義で、お互いがライバルのようなピリピリとした職場よりも、お互いが助け合い、補い合いながら成長していける職場の方が好きです。

年功序列についても一定の意味があると思います。確かに仕事を主力となって任されるのは、中堅社員だったり若手社員です。これは教員の世界も一緒です。しかし私は、自分が初任者だった頃、困った時には必ずベテランの先生がフォローしてくださっていたり、アドバイスをくれたり、愚痴《ぐち》を聞いてくれました。それだけの余力と実績がベテランの方にはあるのです。職場は大きな家族のようなものであってほしいと思います。普段は子どもや若い両親が働いていても、それをそばからサポートしてくれる年配のベテラン祖父母がいる。そんな中で協力していければ、会社や社会も温かく良いものになるのではないかと思います。

とは言いつつも、現代社会において、終身雇用や年功序列制はなかなかそぐわないのも事実です。現在は多くの非正規雇用の社員や、海外からの留学生、研修生などの労働力によって社会が成り立っています。働き方も自分の価値観や、その時々の状況によって仕事を変えたり、職場を変えることが主流になりつつあります。今後はさらに、専門性を身につけて、自分の目標や目的に合った転職がしやすくなっていくでしょう。

このような社会の中で生きていくために大切な事は、自分の価値観を大事にすることです。今までは、大企業に入社できれば、または仕事を定年まで続けることができれば、それが幸せでした。しかし現代は中小企業や個人経営でも、魅力的な企業や収益を上げている企業が数多くあります。給料面だけではなく働き方についても、さまざまな取り組みをしている企業もあります。どこにどんな重きを置いて、仕事を選ぶかを決めるのは自分自身です。今の社会情勢と自分の置かれた境遇をよく考え、しなやかに生きていくことがこれからは大切だと思います。

どうしたら元気になれるの？

①「しがらみから解放されよう」

この章では人の感情から始まり、人がなかなか元気になりづらい、いくつかの社会問題について考えてきました。確かに今の世の中は、なかなか楽しく元気でいるだけではいられません。しかしそれを悲しんでいても始まりません。まずはそんな状況から自分が元気になっていくためには、社会問題や悩みを感じすぎないことが大切です。自分が元気でいられることが、巡り巡って周りにも、元気を分けてあげられる人になるのだと思います。

日本人はまじめで勤勉で、とても優しい人種《じんしゅ》だといわれています。さらに独創性もあり、いろいろな発明や研究が進められており、科学技術も発展しています。しかし一方で日本人はしがらみが多く、変なこだわりや価値観を持ち、几帳面な人種だと私は感じています。そして周りの人を尊重するあまり、人に気を使いすぎる面もあると思います。

よく聞く話ですが、日本人ほど赤信号をきちんと待つ人種はいないといわれています。私も何度も海外に行っていますが、交差点の信号が赤でも、車がいなければ歩行者は、あたりまえのように渡ります。横断歩道がない国も多いです。インドや中国などの大都市で、車が行き交う道路では、日本人はなかなかタイミングがつかめずに、上手に道を渡れないと聞きます。日本ではあたりまえに横断歩道を渡るし、赤信号であれば急いでいない限り待つ文化が定着しているからです。それが良いとか悪いとかではなく臨機応変ではありません。

私は若い頃に、海外の人達とキャンプをしながら旅をしたことがあります。テントもイタリアの女性と約2週間一緒に寝泊まりしました。夕食は毎日持ち回りで担当したので、各国の伝統料理を食べることができました。そこで一番驚いたのが料理ではなく、食器の洗い方です。もちろんキャンプなので水を大切にします。日本なら最低限の水で洗うために食器を紙でふいたり、環境に気を使い洗剤を使わないようにします。しかし海外の人は違いました。たらいの中に水を張り洗剤を入れ、皿を洗うと、すすがずに、そのままタオルでふいてしまうのです。そのグループには何人かの日本人がいたのでみんなびっくりしました。日本人は急いで食器をすすごうとしますが、そんなのは要らないと片付けられてしまうのです。最初は抵抗があったものの、最後にはそんなものだと慣れてしまいました。

日本人は良い意味でも悪い意味でも固定観念《こていかんねん》が強く、周りに合わせる傾向があります。よくいわれるのが、みんながやってるから自分もやるとか、みんなが持ってるから自分も買うという同調性《どうちょうせい》ですが、人と違うことへの不安感が日本人は強いと思います。また生真面目で、いろいろな商品が開発されすぎるように感じています。例えば洗剤なども、トイレ用、キッチン用、おふろ場用、フローリング用と細分化されています。ついつい自分もいろいろと購入してしまうのですが、よく考えれば基本の掃除用品と重曹《じゅうそう》やクエン酸などがあればほとんどの汚れは落ちます。これでなければだめということはほとんどないのです。

このように何気なく覆い被さっている固定観念を解放してみると、実はとてもシンプルで気楽でより良い状態になったりするのではないかと思います。正解は自分で決めればいいのです。私は東京暮らしですが、1度だけ大阪で入院をしたことがあります。その時はいろいろなカルチャーショックがあり、また東西の文化の違いを感じました。一番のカルチャーショックは夕飯のおかずにお好み焼きが出たことです。当然おかずなので別に白米のご飯がつきました。「これが噂のダブル炭水化物だ!!」と感じました。なんとなくご飯を残してお好み焼きだけを食べたら、看護師さんが、やっぱり関東の人はお好み焼きにご飯は食べないんだとこぼしていました。今にして思えば、これも固定観念の1つだったように思います。関西の人達は、とても親切で情に深く、いろいろと面倒をみてくれ、大変お世話になりました。

②「立ち止まることのすすめ」～「自《じ》」をもつこと～

私は、どんなことにも意味や理由があると思います。この章で書いたニートや引きこもりにも意味があると思います。意味があるからこそ、人はその行為を選んでいるのです。特にニートのように何でもない自分になることについては、時には必要なのではないかと感じることがあります。何でもない自分というのは、作れるようで実はなかなか作るのが難しいものです。小学校から始まり中学校、高等学校、その先の専門学校や大学を卒業しても社会人としての自分があります。結婚して仕事を辞めても妻や夫、母親、父親というように、社会生活をしていると何かしらの役割ができます。その役割が自分を成長させてくれることも大きいですが、それが大きなプレッシャーとしてストレスになることもあります。そんな時、いったんその役割から離れてみるのも実はとても大切なのではないでしょうか。その時には、不登校と呼ばれたり、休職と呼ばれたり、ニートと呼ばれたり、引きこもりと呼ばれたりするかもしれません。しかしそれは間違いではないのです。人によってはそれが必要な場合もあるのです。

私は浪人することなく大学に入学し、留年もせず仕事もストレートで教師になりました。それは幸せなことだと思いますが、仕事を始めて数年後から何度も「自分がやっていることは正しいのか。自分には何かが足りないのではないか」ということに疑問を持ちました。自分で希望して就職した教師を辞めて、別のことを始めようとも何度も思いました。実際に結婚を機に、1度教員の職を辞めています。そして、数年専業主婦という自分になりました。その間も自分は何がしたいのかを考えました。心理学の勉強をしてカウンセラーを目指そうと考えたりもしましたが、結局教師の道を選び直しました。この選び直しがなければ、自分が教師にこれほど魅力を感じていることを、実感できなかったと思います。

2度目の教師生活の中でも、私は病気になり何度かの休職をしています。教師という身分は保証されていても、復帰したいという気持ちが強く、焦りが大きくありました。しかし強制的にでも自由な時間を持ち、ようやくその焦りから解放されると、自分が本当にやりたいことを考え、行動に移すことができ始めてきたと感じています。

現状でも、身近にいる家族、職場の同僚や友人などには迷惑をかけている事もあると思います。しかし自分を見つめ直したり、自分のためにも何でもない自分である時も大切だと私は思います。そして、私は、最近の入院で「自」をもつことの大切さを考えました。「自」には、自制、自律、自発、自治など、いろいろな言葉で使う、自己、すなわち我のことです。その自己をもつと、自信（自分を信じること）ができるのではないでしょうか。

③「自分のため、相手のために、1歩下がって」

人間は一人で生きているわけではないので、必ず自分以外の相手がいます。時にはその相手が良いライバルとなって、お互いを高め合うこともあります。しかし最近、友人を作りたいと言いながらも相手をけなしたり、悪い面ばかりを見ている人が多い気がします。自分と他人は違う人間で、違う考え方や性格を持っています。自分が感じていることを、相手は全く気にしていないということはよくある話です。また、自分とは全く違う性格の人で、なんであんな言い方や態度をするのだろうと感じる場合もあるかもしれませんが、それはお互い様です。相手から見れば自分は他人だからです。それを理解した上で、もう少しお互いを認め合って、尊重し合うことは大切なことだと思います。もしかしたら、とても意地悪をされて、ひどい言い方をしてくる人がいるかもしれません。でもそれは、その人のこれまでの人生で作ってきた何かがあるのかもしれません。また、もしかしたら自分に非があるのかもしれません。

ひどい態度や言われ方をされれば嫌な気持ちになるし、腹も立ちます。しかしそんな時こそ1歩下がって落ち着いてみることが大切です。そしてこの人は、こんな考えを持つタイプの人なのだと受け止めてみることです。その上で付き合っていくのか、または距離を置くのか離れるのかを決めてみると、実はその相手は自分にとってとても大切な人で、自分とは違った面からアドバイスをくれる人だと分かることもあります。私の長年の親友がまさにそのタイプでした。

距離を置けるのならいいですが、職場の人間関係などでどうしても一緒に何かをしなければならない場合もあります。こんな時はなおさら嫌になったり腹を立てて、周りに愚痴をこぼしがちですが、これは逆効果です。自分が嫌な時は、大抵相手も嫌なものです。一方的に好かれていて迷惑だったり、必要以上に厳しく接してくる上司などに対しては、ハラスメントなどの相談をするのも良いですが、そうでなければ、いったん冷静になって相手のことも尊重し、時には助けてあげるくらいの気持ちを持つと、自分自身の気持ちも落ち着きます。どうしても苦手な相手ならば、事務的なレベルで必要最低限に接することです。そうした中でその人の良い点を見つけられるかもしれません。人間関係で気持ち良くいられるのは、自分自身がリラックスして周りと関わっていけるかということだと思います。自分がリラックスしていれば、自分の周りの人間関係もリラックスしたものになるはずです。

コラム

知識と知恵の違い

私は仕事柄、理科の知識はある程度ありますが、知恵は恥ずかしくなるほど持っていません。知識は物事に対しての理解で、ただ知っているだけです。一方知恵は言葉の通り、知識を実際に生かして活用できる能力であり、知識によって生活に恵みをもたらす能力です。私は小さい頃からたくさんの習いごとや塾に通っていました。高校時代は部活に明け暮れ、大学時代はアルバイトをして、あまり家にいませんでした。だから家の手伝いは、掃除も食事の準備も洗濯もほとんどしたことがありませんでした。

就職を機に一人暮らしを始めましたが、何事も自分がやらないと家中がとんでもないことになり、着るものがなくなり、食べ物もないことに直面し、母の偉大さを痛感《つうかん》しました。どれもなんとなくは分かるし、ネットなどで調べれば分かるのですが、細かいコツや、いいあんばいというのは、実際やってみないと分からないので、服がヨレヨレになったり、小さくしぼんでしまったセーターがあったり、自炊も塩ひとつまみの「ひとつまみ」がどの程度か分からず、今も悩むことがあります。

知恵は、経験や直接教えてもらってはじめて身につくもので、文字や聞いただけではなかなか得られません。歳も取ってきたので、少しずつ知恵もついてきましたが、教師を始めたばかりの頃は、「お前は、お金をもらっている生徒のようだ」と面倒をみてもらっていた先輩によく嘆かれていました。そのくらい知恵に欠けていたのです。最近は何でも調べれば簡単に情報が得られ、知識を得ることができます。その調べる行為自体は生活の知恵です。ただ、知識だけで知った気になっていても、実生活に生かすためには、実際に身体を動かしたり、さまざまな経験で知恵を増やしていくことが大切なのだと思います。

第三章

元気になりたいあなたへ

これまでの章で、人間の特徴、病気や障害についての話をし、元気とは何かを考えました。またなぜ、元気でいることが難しいのかを考えてきました。しかし、せっかくならば、元気に楽しく生きたいと誰もが願うことでしょう。最後のこの章では、どうやったら元気に楽しく生きていけるのか、前向きに生きていけるのか、そのきっかけとなるかもしれないことを考えていきたいと思います。

楽しさ、やる気、元気はどこから生まれてくるのだろう

元気になるにはどうしたらよいのか。つまり元気とは何でしょうか。第一章でも記したように、辞書で調べると「心や身体の活動の元になると考えられる力」とあります。つまり気力です。気力が出るには楽しいと思えることや、やりがいが必要です。自然とそれらが出てくる人は問題がありません。しかし現代社会において、楽しいことや、やりがいを見つけられない人は多くなっています。私自身が友人や生徒と話したり、SNSを通じて相談を受けていても、そのような悩みが多いと感じます。第二章にあるように、現代の、特に日本において、人はさまざまな欲求や感情を持ちながら、その上でたくさんの社会問題や複雑な環境の中で生きています。それだけ今の現代社会は生きづらく、苦しいものになっているのです。

一方で溢《あふ》れるように楽しさや、やりがいを感じて活動的に動いている人も多くいま

す。その人達と、楽しさを見つけられない人の違いはどこにあるのでしょう。私はその大きな違いの一つとして、ストレスへの対処法があると思います。ストレスを良い方向に持っていけるかどうかで、人のやる気や喜びは大きく変わっていきます。良い方向に向かえば、人は楽しく元気になれるのだと思います。ストレスへの対処法を知るためにも、ストレスについて説明したいと思います。

良いストレスと悪いストレス

ストレスには良いストレスと悪いストレスの2種類があるのを知っていますか。悪いストレスは分かりやすいと思いますが、良いストレスというのもあります。ストレスには、その元となるものがあり、それを「ストレッサー」といいます。ストレスはそれによって起きた反応や現象をいいます。同じストレッサーでも、それを良いストレスと感じるか悪いストレスと感じるかは人によって違います。

例えば結婚や仕事は1つの大きなストレッサーです。結婚によって、人はたくさんの幸せや喜びを感じます。反面それればかりではなく悲しいことや、つらいこと、怒りを感じることなども多くあります。その全てがストレスと呼べるのです。仕事も同じです。多くの充実感や満足感を得られますが、同時に大きなプレッシャーを感じたり、実際に病気になってしまう人も少なくありません。また大きなプレッシャーも、良い緊張感として感じ、成功する人も多くいます。これは同じプレッシャーというストレスを良いストレスとしてはたらかせているのです。

「ストレスとは人生のスパイスである」という言葉もあります。つまり、ストレスのない生活は良いもののように感じますが、ストレスフリーの生活は何の喜びも悲しみもない、楽しくない世界なのです。しかしストレスというと、なんだか嫌な感じがするし、なるべく関わらない方がいいと感じる人も多いと思います。では悪いストレスを良いストレスに変えたり、ストレスとうまく付き合っていくにはどうすればよいのでしょう。

ここで大切になってくるのは、ストレスやストレッサーへの正しい理解です。なぜ自分はこんな気持ちや状況になるのかを分析して、それに対応できていけば、ストレスをうまくコントロールできるようになります。また経験や慣れも大きく関係しています。最初は大きなストレスとして感じることも、経験を重ねるにつれてストレスを感じなくなってきます。また、これまで苦手としていたスピーチなどが、周りに褒められることによって、自信を持ち、得意になるといったように、悪いストレスが成功体験などによって、良いストレスに変わることもあります。ただ慣れは怖いもので、慣れすぎると良いストレスも悪いストレスも徐々に感じなくなります。おいしいものやうれしいことも、毎日食べたりして日常になると、スパイスと感じられなくなるのです。そしてそれがまた、自分は恵まれていないとか、楽しいことがないといった、別の悪いストレスや負の感情を生み出すこともあります。人間は本当に難しい生物です。ではいつまでも、元気で楽しく過ごすには何が必要なのでしょう。

たくさん笑って、たくさん泣いて、時々怒って……

人間は感情を大きく表すことによって元気でいられます。もちろん食事や運動といった身体的な健康面での元気さは別にありますが、精神面でも感情表現が豊かな人ほど、元気な状態であることが多いです。いつも悩みごとに対して泣いていたり、怒っていたりする人は、全然楽しくないし、元気ではないと感じるかもしれませんが、元気だからこそ泣いたり怒ったりすることができるのです。実は泣くことも怒ることも、とてもパワーのいる作業です。それができるということは元気がある証拠です。

しかし怒りの感情は自分の気持ちを苛立たせたり、あまり良いことのようには感じません。それよりも笑ったり、泣いたりする方が健康的です。親しい人と会話をして笑っても良いし、楽しい映画やバラエティー番組等で笑っても良いです。自分の手で唇の端《はし》を斜め上に引き上げ、口角を上げるといった人工的な作業でも、無表情をしているよりも元気になるといわれています。できれば人工的ではない、自然な状態での笑顔が理想ですが、どうしても笑えない時には、自分で笑顔を作ってみるのも良いことだと思います。そして泣くことは、涙を流すことによって負のストレスや、感情を発散させたり、軽減させるはたらきがあります。涙を流すことはとてもパワーを使います。それによって癒《い》やされたり、元気が湧いてきたりするのです。

では、怒りの感情はどうすればいいのでしょう。怒りというのは第二章でも触れたように誰にでも湧いてくる感情ですが、答えは単純です。時には怒れば良いのです。自分にとってどうしても許せない時、納得がいかない時は、怒って相手にぶつけることも時には必要です。怒りにより、自分の感情を発散させ、スッキリすることができます。そして、相手に対して自分の感情を伝えることができます。しかし一方で相手にも同じように感情や立場があることも忘れてはいけません。怒ったことに対して、相手が受ける感情もしっかりと考えることが必要です。時には怒ったことによって、自分の立場が悪くなる場合もあります。怒ったことを後悔して、余計に自分が嫌になる時もあります。大切なのは、怒りを感情にまかせて表現するのではなく、なるべく冷静な心を残しておくことです。また、いつも怒ってばかりでは、相手だけでなく自分も疲れて、嫌な気持ちになってしまいます。怒りの感情については、ここぞという時に取っておいて、普段はなるべく笑いや涙で溢れる生活が送れたら良いと思います。

また、怒りについては、他人に対する怒りだけでなく、自分自身に対するものもあります。例えば、過去の強い後悔だったり、生い立ちや環境に対する怒りです。「あの時はなぜああしてしまったのだろう」「あの時、あっちの選択をしていればもっと良かったのに」「自分の発言は、あの人をこんなに傷つけてしまった」「自分だけ、なぜこんな生い立ちや環境なのだろう」といった、自分自身や自分を取り巻く環境に対する不満です。

心理学や教育界でよく使われる言葉の中に「過去と他人は変えられない。未来と自分は変えられる」という有名な言葉があります。過去は誰にも変えられません。他人も変えようとすると相手に不快な気持ちを与えたりと、自分の思ったように変えていくのは困難です。しかし自分自身については、心がけ次第でいつからでも、どのくらいのペースでもいくらだって変えられます。そうして自分自身を変化させていくことで、これからの未来は大きく違ったものになっていきます。私はこの言葉が大好きで、いつも心がけています。過去を教訓にすることは良いことですが、それでくよくよしないこと。他人にはあまり期待や要求をせずに、自分の態度や関わり方を変え、自分を高めていくことで、素晴らしい未来が待っていると期待すれば、案外楽しく元気に過ごせると思いませんか。

ただ、そんな感情を持つこともできないほど疲れていたり、気力がなかったり、あるいは弱っている時もあります。そんな時にはどうすればよいでしょうか。そんな時はまずは自分を取り戻すための癒やしが必要です。そこで次は癒やしについて考えてみたいと思います。

癒やしについて（マインドフルネスと筋《きん》弛《し》緩《かん》法《ほう》）

元気がなかったり、気力がなくて感情も湧いてこない時には、まずゆっくりと時間をかけて休むことが大切です。身体を休めるのもそうですが、たくさんの睡眠も重要だと思います。病気で身体が弱っている人は1日寝ていたりしますが、うつ等でも状態がひどい場合には、1日中ベッドから出られず寝ている人もいます。それだけ弱っていて、この状態を助けるには睡眠しかないのです。もちろん食事も大切ですが、それ以上といってもいいくらい、睡眠は人間にとって大切なものです。私も主治医から「まずはゆっくり休むことを頑張りなさい」と入院中に言われました。それくらい、元気な人にとっては、ゆっくり休むことはなかなか難しいものなのです。人はどんなに疲れていても、やる気にならない時も、眠り続けるといつかは元気になる時がきます。これは主治医に言われたことですが、どんなに気分が落ち込んでいたり、やる気がなくなっても、それがこの先一生続くことはないのです。冬の後には必ず春が来るように、いつかは気分が上昇する時が来るのです。そのためには、たっぷりと休んでおくことが必要なのです。眠いとか休みたいと思うのは、身体が欲しているからなのです。できる限り休めばいいし、眠る行為は良いことです。

元気な状態の人も元気を維持するためには癒やしが大切です。というより常に元気でいられる人は、必ず何らかの癒やされる物や自分なりの癒やし方を知っていると思います。例えば、ストレッチやヨガ、ウォーキングなどで身体をリラックスしたり、好きなものを食べたり、アロマの香りやお風呂などでリラックスする人もいます。これらはストレス発散とも似ていますが、私は少し違うものだと思います。ストレス発散は、おいしいものの食べ歩きや、買い物、旅行などと、どちらかといえばアクティブなものが多いですが、癒やしは自分を元の状態にリセットする作業なのではないかと思います。ストレス発散をして当然元気になりますが、ストレス発散することで、逆に疲れる場合もあります。そんな時は、もっとゆったりとした癒やしの方が、自分を元気に保てる場合もあると思います。人によっては我が子の姿や、写真を見ているだけで、癒やされる人もいます。大きなことをするのではなく、小さな隙間の時間で自分に合った癒やし方をすることで、少しずつ自分をリセットしていき、元気で居続けられるのだと思います。

少し前から話題になっている「マインドフルネス」という言葉を知っていますか。これは、「今だけに目を向け、今に集中する」ことを意味します。マインドフルネスの方法には、瞑想《めいそう》や呼吸法などがありますが、シンプルに目を閉じて頭を空っぽにし、呼吸に集中することで、今だけに集中でき、気持ちがリラックスしたり、集中力や判断力が高まったり、安眠効果が生まれます。特別に難しいことではなく、ヨガや禅の世界にも通じるものがあるといわれています。なぜマインドフルネスにたくさんの効果があるかというと、人は一瞬一瞬、今を生きているように見えますが、心の中では過去のことや未来のことを常に考えて生きています。それは大切なことですが、同時にたくさんの時間と労力、気力を消費しています。「なんで昔はあんなことをしたのだろう」「昔はあんなに良かったのに」「これから先どうなるのだろう」と人はいろいろなことを考えますが、これは考えてもきりがないし、疲れることも多いです。生まれたばかりの赤ちゃんは、そんなことを考えていません。今ここに生きていることだけに集中し、そのことを大切にすると、心が無心になっていきます。人は本当に何かに集中していると、他には何も考えられないものです。その状態を作ることにマインドフルネスは意味があります。マインドフルネスを行うために必要なものは特にないので、どこでも簡単にできます。また動的なものではないので、私は大切な癒やしの1つだと思います。

マインドフルネスの簡単な方法を1つ紹介します。論文にも紹介されている「6、7、8拍法」です。6拍鼻から息を吸い、7拍止めます。最後に8拍かけて口から息を吐くというものです。マインドフルネスの場合には、さらに目を閉じてどんどん広い空間を意識して、自分の部屋を通り越し、草原のような所で呼吸しているイメージを持つことが重要です。「6、7、8拍法」ができないときは、リラックスしていないときです。そんなときは、1拍で吸い、2拍止め、3拍で吐けばいいのです。とにかく1度息をとめることが大切で、長めに息を吐くことがゆっくりリラックスできる方法です。

それともう1つ、「筋弛緩法」というものをご存じですか。これは、リラックスしたい時や緊張をほぐす時、眠る前などに行うと効果的だといわれている手法です。これもとても簡単で、はじめに力をめいっぱい入れながら肩を上げたり、手を握って十秒ほど力を入れます。その後力を抜くと自然と、りきみが取れて身体中が弛緩、つまりゆるんでリラックスした状態になれるというものです。道具はいらないし、立っていても寝ていても座った状態でもできます。とても簡単ですが効果は絶大です。私がこの手法を知ったのは二十年以上前ですが、効果を実感して緊張した時、リラックスしたい時や、寝付けない時には実践しています。また勤務する中学校でも、受験前などに生徒に紹介します。みんな簡単だねと実践してくれました。ぜひ一度試してみてください。

自分と仲良くなろう

みなさんは自分のことが好きですか。それとも嫌いですか。自分に満足し自分のことを認めることを、自己肯定感といいます。人は自己肯定感が高いほど、日々の生活に充実感を持って、楽しく幸せに過ごせると考えられています。反対に自己肯定感が低いと、自分自身に劣等感を抱いてしまい、なかなか幸せを感じられないといわれています。では、自己肯定感を高めるにはどうしたらよいでしょうか。私は自分自身の性格や特長をよく理解し、その中で自分の強みを見つけ、自分に自信を持つことが大切だと思います。

誰にでも良いところと悪いところがあります。まずは良くも悪くも、自分を理解することが大切です。その中で自分の強みに目を向け、自信を持つことが大切です。人はなぜか悪い面に目がいきがちですが、悪いところだけに目を向けても仕方ありません。もちろん直せることなら直し、自分の求める自分を作っていくことも大切ですが、簡単には直せないことが案外多いものです。ならば良いところを生かしながら、悪いところを補い合って、自分自身とうまく付き合って生きていくことが大切なのだと思います。例えば、数学のテストの点数が40点で、国語のテストの点数が80点だった時、なんで自分は数学でこんな点数しか取れないのだろうと、悪い方に目がいきがちですが、国語は80点も取れているのです。自分は国語が得意だと自信を持ち、それをさらに伸ばすようにすれば、自分を好きになれるし、自分に自信が持てます。自分の周りには、敵ばかりだと感じている人がいるかもしれませんが、それならなおさら、自分くらいは自分の味方になりましょう。

自分を好きになるのが苦手な人は、一人でゆっくりと、何もしない時間を作ることもおすすめです。そういった時間があると、自分を見つめ直すことができます。何もせずにぼーっとしていると、だめな自分だけでなく「自分ってこんなところは案外頑張ってるな」と良いところも見つかるものです。それを大切にしてください。もし悪いことばかりが出てくるのなら、それはきっと自分が疲れている証拠です。もしくは味方がいなくて、孤独を感じている時です。そんな時はこの章の前半にあるように、まずはただひたすらゆっくり休んでください。

また味方がいないと感じるのであれば、誰か話し相手を見つけましょう。話し相手は誰でもよいのです。本来ならば専門家が一番適しています。なぜならその人達は、弱っている自分につけ込まず、その人が持つ知識を使って、最大限のアドバイスをしてくれたり、話し相手になってくれるからです。今は高額な金額を払わなくても、無料で相談に乗ってくれる窓口やサポート団体がたくさんあります。そういったものを役立てて、自己肯定感を高めていきたいです。自分や家族に悩みがある時は、心療内科を頼ってもいいのです。心療内科の多くは保険が適用されるので、料金もさほど高額ではありません。

まずは自分を肯定して自分を好きになれば、他の人とも自信を持って良い関わりができたり、人に優しく接することができ、融和的な関係が築けると思います。

困った時は誰かに助けを求めよう

何も考えられないくらい落ち込んでいる時期から、ちょっとだけ元気になって感情が湧いてくると、時には困ったことも出てきます。「自分はこのままで良いのか」とか、「周りの状況が悪い。このままではダメになってしまう」という不安や焦りや絶望などの負の感情が湧いてくることがあるからです。うつなどの病気でも、精神的に悪いことを考える状況になりやすいのは、病気の一番ひどい時ではなく、なりかけの時期と治りかけの時期だといわれています。本当にひどい時には、負の感情すら浮かぶ余裕がありません。しかし、ちょっと状態が良くなってくると、時に人は負の感情を含めた、いろいろな感情を持ってしまいます。

自分だけで抱えられないものや、悲観的になった時は、迷わず誰かに助けを求め、話をしましょう。話を聞いてもらう人は、専門家でなくても、家族でも友人でもいいのです。話す相手がいない時は、ぜひ相談ダイヤルや自治体の相談窓口に電話をしてください。

今はいろいろな団体の相談ダイヤルがあります。知らない人に話すのは抵抗がある人もいるかもしれませんが、知らない人だからこそ話しやすい場合もあります。また負の感情だけではなく、自分だけではどうしたらよいのか分からない時も、助けを求めるのは良いことだと思います。人に話すことによって、自分では考えつかなかったアイデアが得られたり、話すだけで安心する場合も多いです。

そして助けを求める相手は一人ではなく、なるべく多い方が良いです。一人だけだとその人に依存してしまったり、その人との縁が切れた時の痛手が大きいからです。困った時の相談相手を、日頃から見つけておくことは大切です。私は家族や友人の他に、主治医、訪問看護の看護師、長年定期的に受けているカウンセリングのカウンセラー、それに地域の精神障害者対象の地域活動支援センターの職員さんといったたくさんの人達に多角的な面からアドバイスをもらっています。また、職場の学校では管理職の先生などにも病気のことを伝えて、気になった時には声をかけてもらうようにしています。たくさんの人に支えてもらっているという思いは、自分自身にも安心感を与えてくれます。

助けを求めるのが苦手な人は、意外と多い気がします。誰に何を話していいのか分からない人、助けを求めるのが負けだと感じてしまう人、そもそも人に助けを求めることをしない人などさまざまだと思いますが、私は「人に助けを求めること」はとても大切なことだと思います。また助けを求めることのできる人は、人のことも助けてあげられる人だと考えています。お互いに支え合って、より良く生きることが大切だと思います。

楽しいことの見つけ方、やる気の出し方

だんだん元気になってきたら、せっかくだから楽しいことを見つけたり、やりたいことや好きなことをするのが一番です。誰かに言われてやるのではなく、自分でやってみたいことをするのが大切です。その時に大切なのは「ちょっぴりの勇気」を持つことです。やってみたいということがあっても、自分にはできるかなとか、年齢的なことを考えたりして、はじめの一歩を踏み出せない人が多くいます。例えば英語に興味を持ち、英会話を勉強したいと思っても、気おくれしたり今さらだと思って、なかなか英会話スクールに行けない人など、多いのではないでしょうか。

人生は一度きり、自分自身の人生です。せっかくならやってみたいことを、1つでも多く実現できたら素晴らしいと思いませんか。そのためには「始めてみる、やってみる、続けてみる」ことが大切です。周りに言われたからではなく、自分自身で

ちょっぴりの勇気を持って行動すると、意外と楽に進んだり、新しい世界が広がるものです。

人によっては、はじめの一歩をうまく踏み出せない人がいますが、これはとてももったいないことです。「迷っているのはやりたい証拠」です。勇気を出して、はじめの一歩を踏み出してみてください。やってみて後悔するなら仕方ないと思えますが、やらない後悔は一生引きずるものです。「聞くは一時の恥、聞かぬは一生の恥」と同じです。せっかくなら経験してみた方が、断然楽しく元気に過ごせると思いませんか。

次にやる気の出し方ですが、ちょっぴりの勇気を持って自分から始めたことは、比較的勝手にやる気が出てきます。しかし中には自分の意思とは関係なく、やらなければいけないことや、やりたかったことでも、やる気が出なくなることもあります。絶対にやらなければいけないこともありますが、大体は実はやらなくてもいいことの方が多いです。仕事で絶対に自分がやらなければいけないと思っていても、病気やけがで出勤できなければ、必ず誰かが代わりにやってくれます。家事なども、多くのことは代行できます。やる気が出ないならやらなくていいとは言いませんが、やらない選択肢もあると考えると気持ちが楽になります。

一方でやる気がなくなったら、すぐにやめてしまう人もいますが、それもちょっともったいないことです。私のおすすめは「少し休憩してみる」ことです。やる気が出ないなら、いったんそこから離れてみるのです。それによって、その行動が自分にとって本当に大切なのか、なぜやる気が出ないのか、自分が疲れているだけなのか、本当はやめたいのかに気づけます。本当にやめたいなら、そこで初めてやめればいいのです。本当はやりたいことだったり、自分にできると思うことなら、休憩している うちにやる気はおのずと出てくるものです。

元気になれるおすすめ方法

ここでは、私がおすすめの元気になれる方法を紹介します。

1つ目は適度に身体を動かすことです。

一番簡単なのは散歩やストレッチです。私はここ1年くらい、時間が合う時には家から20分くらいのところにある大きな公園で、朝行われているラジオ体操や太極拳に参加しています。また、最近は身体がとても硬くなってきたのでストレッチも始めました。私の場合はとても飽きっぽいため、毎日続けることができないのですが、たまにやると、身体もほぐれ血行も良くなるので、スッキリして元気になります。また散歩の代わりに1駅分を歩いたり、食材の買い物をする時に、3軒くらいのスーパーをはしごして買うようにしています。そうすると自然に一万歩以上歩くことができます。歩くことは人間にとって一番健康にも良いそうです。

2つ目は自分の好きなことをすることです。

私は香りとお茶が好きなので、入浴剤やスキンケア用品、ヘアケア用品も積極的にアロマの成分が入ったものを使っています。家ではお香を焚いたりもしますし、アロマを使うこともあります。お茶は紅茶だけでなく、緑茶、台湾烏龍茶、ルイボスティーやハーブティーなど全般が好きなので、たくさん集めてその日の気分で飲んでいます。履歴書の趣味の欄に、お茶と香りと書くのも変ですが、まさに私の趣味です。最近では、昔20年以上続けていた合唱も再開しました。個人レッスンのボイストレーニングをすると、昔のように声が出るようになるのを実感でき、自信とやる気が出てきます。好きなことを積極的に日常に取り入れることは大切だと思います。

3つ目は共感できる言葉や、リフレッシュできることを見つけることです。

リフレッシュや元気を出す方法は、人それぞれで正解はありません。お風呂でゆっくりと湯船につかるのが良い人もいれば、一人で読書をするのが良い人もいますし、植物に毎日水をやり、成長を見守ることが何よりも幸せな時間になる人もいます。買い物やジョギングでリフレッシュする人もいます。ご飯を作ることが好きな人はそれでリフレッシュしたり、元気になることができるので、ホームパーティーを定期的に開く人もいます。掃除が好きな人や洗濯が気分転換になる人もいます。私はジョギングができませんし、掃除や洗濯もあまり得意ではありません。好きなことや、気分転換になることは人それぞれで正解はないのです。

本やメディア等でたくさんのリラックス方法が紹介されていますが、大切なのは、自分の好きなことをできる範囲でやることです。どんなことでもやり過ぎると疲れたり、時間やお金を使い過ぎてしまったり、依存症になってしまいます。何事も気分が前向きになったなと思う適度な量が大切です。

また共感できる言葉を見つけることもとても大切です。言葉はいつでも自分の心の中で確認でき、支えになってくれます。落ち込んだ時やくじけそうになった時に、励ましてくれるフレーズがあるとてもパワーになります。私が一番初めに覚えたフレーズは「根性一倍、努力二倍」という言葉で、「人一倍根性を持って、人の二倍努力をしよう」という意味でした。これは中学生の時に覚えた言葉ですが、当時の自分にはとても刺さり、今でも覚えている言葉です。しかし今はこの言葉を実践しようとは思いません。今の私には中学生の時のような若さやパワーがないからです。これをそのまま実践していては病気になってしまいます。好きなフレーズは、1つではなく、いくつあっても良いと思います。たくさん持っていた方が自分の武器になります。そしてその言葉は、年齢を重ねるにつれて変わっていってもいいと思います。

今はSNSでも、このような元気をもらえる言葉を発信している方がたくさんいます。そういった人の動画を観たり、話を聞いてみるだけでも、新しい発見があったり、励まされたり元気をもらえるものです。ぜひ参考にしてみてください。

良いことの見つけ方

①仕事・活動から良いことを見つける

自分にとって良いと思うことを見つけ、行動する上で一番大切なのは、前にも書いた通り、「ちょっぴりの勇気」を持って自分から行動することです。しかし何も考えず、適当に始めてもなかなかうまくいきません。特に仕事を始めたり転職する場合、まずはいろいろなところから、できるだけたくさんの情報を得ることが大切です。また自分の特性を分析して、やろうとしていることが、自分の特性と合っているかどうかを考えてみることも必要です。自分の現状や欠点も、きちんと把握することはとても大切だと思います。

そして次に、一度始めたことは多少つらく苦しいと思うことがあっても、我慢して努力してみることが大切です。どんな人でも最初は慣れないので失敗も多く、時には怒られることもあります。またどこにでも自分とは気が合わない人がいて、嫌な場面に出くわす場合もあります。でもまずは1日、次は3日、その次は1週間。1か月、3か月、1年と区切りを決めて、頑張ってみることです。反復練習のように、繰り返していく中でだんだんと慣れてきたり、自分の得意分野が見えてきたりします。また予習復習も大切です。予習はイメージトレーニングです。今日は何を頑張ってみようとか、これを改善しようというように、あらかじめ自分の中でイメージをしておくと、案外行動しやすいものです。復習はその日の反省です。反省は悪い点だけでなく、良かったところも考えます。そして良くなかった点については何が悪かったのか、どうすればもっと良くなるかを考えて次の日の予習とします。この積み重ねで毎日は大きく変わります。

さらに自分のできることと苦手なところをしっかりと認め、その全部をひっくるめて自分をきちんと認めてあげることが大切です。人と比べてしまうと、自分はなんでこんなにできないのだろうと悲しくなることも多いです。そうすると、自分を褒めるどころか自分を責めてしまいがちです。でも責める必要はないのです。人にはそれぞれできる範囲があり、得意なことと苦手なことがあります。だから助け合って、補い合えるのです。

もう一つ大切なことは、人は誰でも自分にできる限界があるということを認識することです。仕事を続けていくと、理想とはかけ離れた自分の限界が見えることも多いです。でもそれは悪いことではないと思います。その限界を認め、その中でどうしたらよりうまく自分を生かせるか、という点について考えていくことが大切だと思います。そして頑張っている自分を褒めてあげることが、仕事やさまざまな活動に生きてくると思います。

②生活の中から良いことを見つける

何かを頑張って成長したい時や、自分がもうだめかなと思う時は、もう少しだけ頑張って続けてみることも大切です。例えばジムなどで、筋肉をつけるためにトレーニングをする時に大切なのは、「自分が疲れて、もうだめかなと思う時に、もう少しだけ頑張る」ことだそうです。例えばスクワットを10回やって、疲れたなと感じたら、あと3回だけやってみるとか、10秒間同じ姿勢を我慢して疲れたとしても、あと5秒間我慢してみると、筋肉が少しずつ鍛えられるそうです。毎日同じ数だけやるのも良いですが、これは筋肉を維持するために役立つ方法です。より鍛えるためには、あと少しでいいので頑張ってみることがポイントになります。

私はたまにエステやマッサージに行きますが、リンパマッサージなどで「痛《いた》気持ちいいくらいが一番効果的」とよくいわれます。もちろんリラックスするためのマッサージは別です。気持ちがいいのは幸せですが、それでは成長はできません。リンパのマッサージも毒素を流したりするためには少し痛みも生じます。少しでもつらいことがあるからこそ、そこで人は成長できるのです。前の仕事編にも書いたように、多少つらいことや苦しいことがあっても、あまり悲観的にならずに、自分の成長につながると考えれば、ずいぶん前向きに捉えられるようになります。ただし頑張り過ぎは厳禁です。私はそれで精神疾患になりましたし、多くの人もそれで体調を崩したり、心が折れたりしています。

何を行うにしても、長く効果的にできる最大の秘訣《ひけつ》はバランスです。先ほどつらくても、頑張れば成長につながると言いましたが、やり過ぎれば負荷がかかりバランスを崩し、身体や心がけがをします。一流のアスリートなどは非常に負荷のかかるトレーニングもしますが、必ずその前後にストレッチやメンテナンスを欠かさずに、トレーニングより時間をかけて行っています。またトレーニングだけでなく、リフレッシュの時間や食事、睡眠など、さまざまなことに気を配っています。また、それを管理したり、アドバイスしてくれるサポートチームやアドバイザーもいます。今の自分がバランスを崩していないか、客観的にアドバイスしてくれる人の存在もとても大切だと思います。

③友情・愛情・対人関係をうまく続けていくには

より良い友情や、愛情を維持し続けていくために大切なことは、3つあると思います。

1つ目は、この章の前半にある、相手の良い部分を認め、相手を尊重することです。ただし相手だけを尊重し続けると、自分の意見が通らなくなったり、相手に支配されてしまうことがあるので、自分の意見や意思も大切にすることが必要です。この両方が成立してこそ、健全で良好な人間関係が生まれます。お互いを認め合える人間関係が何よりも大切です。これは男女の関係だけでなく、子どもや自分にとって苦手な人に対しても重要なことです。

実際には身近な人や、男女の間では、案外認め合うのが難しいようです。私は以前「男性は火星から、女性は金星からやってきた」という話を読みました。これはジョン・グレイ博士が考えた心理の法則です。男性と女性は今でこそ、男女の平等がいわれていますが、元々は明らかに男女間では役割が分担されていました。男性は食料の調達のために狩りや漁に出て、一人や数人の仲間と、長い時間家を空けることが多い種《しゅ》でした。一方女性は、家庭を守り料理などの家事をこなし、周りの家庭の女性や子ども達と協力しながら、会話を弾ませながら生きてきた種《しゅ》です。だから男性は、相談せずに一人で考えて行動することが多く、一人の時間を大切にしたいと考える人が多いそうです。また狩りのために、瞬間的に攻撃的になったりする人も多いとのことです。女性の場合は日頃から、たくさんの仲間と協力して話をしながら作業をしていたので、話し好きで相談するのが上手な人が多いそうです。協調性があるのも女性の方が多いようです。

このように同じ人間でも、今まで生きてきた歴史に基づいて遺伝や進化が行われるために、男性と女性ではまるで火星人と金星人くらいに違う生物となり、そのお互いの違いを尊重して認め合いながら生活すると、パートナーとうまくいき、相手を尊重することができるというのです。

とても興味深い考え方で、なるほどと共感しました。パートナーだけでなく子どもや仕事場でも、異性が相手の場合だと考え方や価値観がよく分からないことがあります。しかし持っている遺伝子や育った環境が違う、全く違った価値観を持っている一人の人間だと考えて尊重すれば、人間関係も変わってくるはずです。

2つ目は人間関係を築く上で、自分の良い部分だけを見せようとするのではなく、恥ずかしい面や、だらけていてだめな部分、情けない部分も見せることです。

どうしても人は自分を良く見せたいと思って、いろいろと我慢して自分の良い面だけを見せたり、だめな部分を隠したりします。それは、仕事面や一般的な社会で生きていくには大切なスキルです。しかしその付き合い方は表面的なものです。もし仮にこの人と本当の友達になりたいとか、一生付き合えるパートナーになりたいと思う人であれば、良い部分だけを見せようとすれば自分自身が疲れるし、時には嘘をついたり我慢したりすることになります。人は誰でも良い部分と悪い部分があります。その両面をさらけ出して、それでも付き合っていける人こそ、本当の友達や愛情を持って接することができるパートナーだと思います。

ちなみに私が一番の親友だと思っている三十年以上の付き合いがある友人は、高校時代に一番仲の悪かった相手です。部活が一緒で、共に部活の中心として部をまとめていく、協力していかなければならない相手だったのですが、毎日のように対立して、なんでこの人はこんなに自分に冷たいのだろうとか、分かってくれないのだろうと感じていました。しかし高校3年生になり、役職が離れ協力していく必要がなくなった時に、お互いなんとなく意地を張っていたことを謝り、その後は一番仲良くなり、今では毎年お互いの誕生日にプレゼントやカードを送り合い、困った時には頼りにして電話をしたりする、本当に頼りになり癒やしてくれる存在です。そしてその友人にも同じように言ってもらえる存在に、自分がなっていることがうれしいです。そして、今まで出会った数多くの友人の中でも、彼女と今こうしていられるのは、高校時代に1年間ほど散々口論をし、嫌みを言い合いお互いの嫌な部分を見せ合っていて、相手の弱い部分や強みが分かっているからだと思います。

3つ目は人と接する時には、どんな人とでも、まずはフラットで自然な気持ちで接し始めることです。

嫌いな人や苦手な人だと、会って話をする第一声から不機嫌な言い方や、態度を取ってしまいがちです。しかしそんな態度や言い方は当然相手に伝わります。そして相手も不快になっていき、露骨《ろこつ》に態度に出さないにしても心を開かなくなります。そしてますます悪循環が生まれます。まずは相手に話しかける時に、フラットな気持ちを心がけることは、誰に対しても最低限のマナーだと思います。たとえどんなに嫌いな相手でも、仕事上で一緒に活動を進めたり、話をしなければならない場面はよくあります。そんな時には平常心で接し、もし仮に相手が嫌な発言をしてきたり意見が合わない場合には、そこで初めて相手に対して反論したり意見を言えばいいのです。どんな相手にも最低限の敬意を示すことは、社会を生きていく中では必要なスキルだと思います。

簡単に諦めない心と手放す勇気

私は毎年新年に、その年の目標を決めています。昨年の目標は「簡単にあきらめない」でした。この目標は昨年の私にとって、最高の目標だったと思います。実はこの本の執筆も、挫《くじ》けそうになったことがありました。仕事や私生活でも迷いがあり、あきらめそうになりました。しかしそこであきらめなかったからこそ今があります。「もういいや」とあきらめることは簡単です。しかしあきらめたらそこで終わり、元には戻らないことも多いのです。あとあと後悔するのはもったいないです。

しかし一方で、手放すことの大切さも学びました。簡単なのは物です。断捨離《だんしゃり》という言葉もありますが、自分の周りには、いらない物がたくさんあります。それを整理し、処分することで気持ちがすっきりし、生活がしやすくなります。例えば私は最近靴を15足くらい処分しました。いつか履くかもしれないとか、ほとんど履いていないからと、なかなか捨てられなかった靴が、我が家の靴箱には溢れていました。ある日これらはきっともう履かないと決心して、リサイクルショップとゴミに出しました。そうすると、あんなに溢れ返っていた靴箱と玄関がすっきりし、心地良く生活ができるようになりました。

次に手放すことが大切なのは人間関係です。友達は多い方がいいと一般的に考えられがちですが、本当にそうでしょうか。なんとなく付き合っている人はいませんか。なんとなく付き合っていて、時間とお金を無駄にしている人間関係も多いものです。そういった人を手放してみると、実はもっと自分らしく、解放された自分でいられることもあります。

最後は環境、つまり生活習慣や仕事などです。これらのことは、人によってはなかなか手放せずにいる人もいます。しかし、手放したことで、新たな人生が開かれるかもしれません。物や人間関係、生活や仕事などを手放すには、勇気が必要な時もあります。大切に思っているものならなおさらです。しかし時には勇気をもって新しい一歩を踏み出してみてください。簡単にあきらめないことと手放すことは、相反《あいはん》していますが、しかしこれをバランス良く実行していくことで、自分にしか見いだせない人生を作っていけるのだと思います。

何事にも完璧や正解はない　ただ常に変化や進歩をしている

よく完璧を目指したり、正解を求める人がいます。私自身も正しいことをしたいと思ったり、より完璧に近い形にしたいと、物事に正解を求めがちなところがあります。しかし完璧や正解は本当にあるのでしょうか。例えばスポーツ選手やアーティストは私から見れば完璧です。しかし彼らは、より高みを目指し日々努力しているからこそ、素晴らしい結果や作品を作り出しているのだと思います。人間の能力に完璧はなく、その人の努力によって無限に可能性は広がっていくものです。私は結婚式のときに、偶然にも、夫の恩師と私の大先輩から、同じ「祝婚歌」という、吉野弘さんの詩をプレゼントしてもらいました。その詩の中にも、完璧は不自然なものだとあります。

同じように本当に正しいことはどれくらい存在するのでしょうか。もちろん人を殺したり、人をだましてお金を奪ったりするような犯罪は正しくありません。その他にも、法律で決まっているたくさんの犯罪があります。例えば嘘をつくのは偽証罪《ぎしょうざい》と呼ばれ、一般的に悪いことです。しかし相手のことを思いやってつく、優しい嘘というのも存在します。また、床に落ちていたり、ゴミとして捨てられた物を食べることはあまり好ましくありませんが、世の中には自分が生きるために食べる人もいます。世界中には、泥のような水を飲まなくてはならない国もまだまだあります。このように正しいことは、人や状況によって変化するのです。

これは生活の上でだけでなく、学問としての科学でも同じことがいえます。例えば理科という教科は、一見正しいことを教えているようですが、実はそうではありません。科学は日々進歩し、新しい発見や発明があります。今まで信じられていたことが、全く違っていたということも数多く存在します。例えば電気は古代ギリシャから、静電気の存在が知られていました。電流は＋極から－極に流れると多くの人が知っています。しかし、実際に流れているのは電子というもので、向きは－極から＋極に流れています。電子という存在の発見は電流の考え方が浸透した後、１８９７年にイギリスの物理学者であるトムソン氏によって発見されました。すでに電流という考え方が浸透し、いろいろな場面で使われ定着していた時期です。困った科学者達は苦肉《くにく》の策で、本来存在しない電流というものがあることにして、それは＋極から－極に流れている。一方で電流の正体は電子で、電子は－極から＋極に流れているという、無理矢理な考え方でまとめました。中学生が混乱する代表的な内容です。このような例は数多く存在します。理科の教科書も、私が新人の時代に教えていたころと、用語や内容もずいぶん変わりました。しかしこれは悪いことではありません。人間が探究心を持って研究してきたからこそ新しい発見や発明がされ、より真実に近づいた事実が分かってきたということです。

身近なところでは、人の発熱に対する対処の方法が挙げられます。昔から日本などの東洋医学では、熱が出た場合は布団をしっかりかぶり身体を温めて、身体の中の熱を汗をかくことで放出し、体温を下げるという考え方が一般的でした。しかし欧米の西洋医学では、体温が上がっているのだから、極端な場合は冷水の中に身体を入れたり、大きな血管の通っている首や脇の下、股下などを冷やす考え方が取り入れられていました。今では、熱中症などの対応では、日本でも西洋医学の冷やす考え方が一般的です。このように常識も常に日々変化しているのです。

何事にも完璧はありません。だから肩ひじを張らずに、自分のペースで努力していけばいいのです。正解や正しいことは本当はないのかもしれません。日々進化し、時として正解は変化していきます。完璧や正解にこだわることは、自分を高める上でとても大切なことですが、時として疑問に思ったりすることで、新たな発想が生まれることもあります。柔軟な気持ちを常に持って、毎日の生活を送っていければいいと思います。

「ありがとう」という言葉の大切さ

「ありがとう」という言葉をどれだけ使っていますか。この言葉は言われて悪い気がしない、そして言った自分自身が感謝の気持ちを表すために使用する言葉ですが、みなさんはどれだけ使っていますか。私はなるべくたくさんの場面でこの言葉を使おうと心がけています。

それには1冊の本が関係しています。その本を紹介してくれたのは、教員になって3校目、学校としてはちょっと問題のある中学校でした。その中でも学年で恐れられている生徒がいました。その生徒がなぜか私を気に入ってくれて、私に1冊の本を貸してくれました。それが「『ありがとう』と言うことの大切さ」を伝える本でした。

その本の著者は、日頃どんな場面でも必ず声に出して「ありがとう」と言っているそうです。それはうれしい時だけでなく、嫌な気分になった時にもです。一番驚いたのは、「自分は車が追突してきた時に、その瞬間にも『ありがとう』と言った」と書いてあったことです。疑問に思う人は、私を含めて多くいると思いますが、「ありがとう」という言葉をまず発すると、自分に落ち着きを取り戻すことができたそうです。本来ならばいきなり追突されて、怒鳴って興奮状態で相手と話しそうになるところを、「ありがとう」と自分自身で発したことで冷静になり、「おけがはありませんか」と優しい声がけができ、その後もスムーズに話が運んだそうです。その他にも、追突など危ない行為が身近にあることを気づかせてくれてありがとうとも思ったそうです。

「ありがとう」という言葉は感謝の言葉です。この言葉をたくさん使う人とあまり使わない人がいますが、私はなるべくたくさん使い、そしてできるだけ自分から言うように心がけています。「あの人は『ありがとう』となかなか言わない」と他人をけなす人もいますが、そういう時は自分からその人に、「ありがとう」とこまめに言えばいいのです。感謝は相手に求めるものではありません。自分から言えば相手も言ってくれたり、言わないまでも悪い気はしないはずです。

「ありがとう」と言われて気を悪くする人は少ないですが、たまに「ありがとうと言われる筋合いはない」と怒られることもあるかもしれません。そんな時は、自分がなぜ「ありがとう」と言ったのか、正しく伝えれば相手も納得するでしょう。また「ありがとう」と言った時に自分も気分が良くなります。「ありがとう」という言葉は、自分も周りも幸せな気分にさせる魔法の言葉です。たくさんの人や本によって、「ありがとう」という言葉の大切さは紹介されています。何に対しても、どんな時にも「ありがとう」という気持ちを持ち、それをできるだけ相手に伝えることは、自分も相手も気分を良くし、元気になれる大切なことだと思います。

それでも嫌なことに出会ったら

誰にでも、苦手な人や苦手なものはあるものです。そうでなくても、嫌なことに出くわしたり、嫌な人に出会ったら、誰でも人は元気ではなくなります。

それでも私はできるだけ、そんな出来事や人に感謝をするようにしています。もしかしたら、嫌なことを言ってきた人は、自分の気づかなかったことを気づかせてくれたのかもしれません。嫌なことがあったから、自分の弱さや危うさに気づけたのかもしれません。もしくは、自分がされて嫌だったことを、人には絶対にしないようにしようと分からせてくれたのかもしれません。そういった意味でも教訓として学ばせてくれた出来事や、その人に感謝をすることにしています。

そうはいっても、いつでもできるわけではありません。私だって怒ったり、悲しんだり、恨んだりします。それは当然の心理です。ただこういった負の気持ちは、できるだけいつまでも残さないで、溜まらないように心がけています。良かったことは感謝をして良かったこととして取っておいて、嫌なことについてはなるべく早く浄化して、それを自分の糧にできるように感謝や、教訓に変えると良いと思います。

怒ってくれる人は、実はその人の労力や時間を私達に使ってくれています。本当に嫌な相手なら無視をするか、去っていけばいいのです。それをしないで注意してくれているということは、その人は怒る相手にパワーを注いでくれているのです。

私は、躁状態になると、たくさんの人にメールや電話をすることが多いです。大抵の友達は、久しぶりの電話やメールに適当に付き合ってくれます。何度もすると、返事が来なくなったりします。しかし、高校の時の友人の二人と、私の教え子は注意をしてくれました。教え子は「いい加減にしてください」と言って、私に気づかせてくれました。高校の友人の一人は、やんわりと私を心配したメールをくれました。もう一人の友達は、かなり強い言い方で、でもとても心配してくれていることが分かるメールをくれました。特にこの二人の友人は、内容を考えるのに、とても時間をかけてくれたと思います。そうやって、私に気づかせるために怒ってくれたり、注意してくれる友人に、私はとても感謝しています。

また本当に嫌なことにあわないために、「奥の手」や「お守り」を持つことも大切だと思います。これは、必殺技や、神社やお寺にあるお守りだけを意味するのではなく、自分なりの「奥の手」や「お守り」です。これを持っているだけで安心するといったものや、落ち着くものがあると良いです。小さい子どもが、タオルや人形をいつも持ち歩いているのと同じです。

私は、入院した時の退院時に「お守りだと思って持っていて」と言われ、入院時に余った薬を手渡されたことが数回あります。これらは、症状がひどかった時に使用されたもので、通常使用するには強すぎるものですが、もしもの時に必要かもしれないという意味で手渡されたのだと思います。結局使うことはありませんでしたが、こういった何かの時の助けになるものを持っていると、安心感があります。またそういったものでなくても、これを持っていたら落ち着くといったものが案外あるのではないでしょうか。

日本では、お守りを持つ人も多いですし、パワーストーンやアクセサリーや小さな小物でも何でも良いのです。身に着けるだけで自信やパワーをもらえるものを、常に持っていると心が落ち着きますし、嫌なことや人をはねのけてくれる力の源になると思います。

心も時間もゆとりをもって

ゆとりには、大きく2つの種類があると思います。時間的なゆとりと心のゆとりです。私は両方のゆとりが大切だと思っています。まずは時間についてですが、時間は長いようで短いものです。反対にたった5分や10分でも実はできることは多いものです。例えば学校では授業の間に、10分間しか休み時間がありません。その間に生徒は次の授業の準備をしたり、別の教室に移動をします。その他にトイレに行ったり友達と遊んだり、授業の予習や復習をする生徒もいます。教師の場合も前の授業の片付けをして次の授業の準備をしつつ、急ぎの仕事や生徒の質問や相談を受けたりします。たった10分でも相当たくさんのことをしますが、逆に時間がたくさんあると、何もしないうちに1時間や1日が終わる場合もあります。時間とは本当に不思議なものです。「5分前行動」というものがありますが、これは「もしも」の時のためにとても大切です。しかし、「もしも」の「もしも」と考えていくと、きりがなくなります。時間は有限で、誰にも平等に同じように進むものです。たくさんのことに時間を費やすのも良いですが、時には少しのゆとりを持って生活していくことも大切だと思います。

一方、心のゆとりですが、これは時間のゆとりよりも大切なことだと思います。心のゆとりを持つためには、車のブレーキや馬の手綱《たづな》などで使われる、「**あそび**」というものが大切だといいます。馬の手綱で説明をすると、馬の手綱は、常に垂れ下がり、ゆるんでいた方が良いそうです。あそびがあるおかげで、通常はゆるんだゆとりのある状態で馬は走れます。そして、ここぞという時には手綱を引くと、しっかりと指示して、馬を動かすことができます。常に手綱を引っ張ったままでは、どれが指示か分からないし、馬も疲れてしまいます。ゴムも引っ張り続けていると劣化していずれは切れます。大切な時のためにも、普段はゆとりのある気持ちでいたいと思います。

そして、心のゆとりと時間のゆとりは実は大事な関係があります。なぜかといえば、時間にゆとりがあれば、心にもゆとりが持てるからです。どんなに心が広い人でも、忙しい時には態度や考えがおろそかになってしまいます。反対にどんな短気な人でも、ゆっくり時間があれば、少しは冷静になり考える余裕が出てきます。例えば精神科の入院施設にある隔離室や、犯罪者が過ごす刑務所、鑑別所、少年院などはその良い例です。心に余裕を持って自分を見つめ直すには、規則正しい生活習慣と時間のゆとりが必要なのです。現代社会は忙しすぎます。よく「忙しい」とは心を忘れると書くといわれるように、忙しいとついつい心にゆとりが持てず、いろいろなことに敏感になります。たまにはリフレッシュすることも大切です。長い時間でなくてもいいのです。

マインドフルネスのように5分くらい目をつぶってゆっくりと、瞑想するのも良いですし、アンガーマネジメントで重要な6秒ルールを取り入れ、人と話す直前、6秒くらい「この言い方で本当に相手に伝わるか」「相手は不愉快な気持ちにならないか」ということを考えて人と接するだけで、人間関係や人生は大きく変わると思います。

中庸《ちゅうよう》について

「中庸」とは少し難しい言葉ですが、過大にも過少にも両極端に偏《かたよ》ることなく中正なことを意味し、正しく筋が通り調和が取れていることを意味します。この言葉の提唱者はアリストテレスといわれています。アリストテレスは二千年以上前のギリシャの哲学者で、科学などの学問を体系化した人物として有名です。なぜそんな人物を私が知っているかというと、高校生の時に、たまたま社会の授業の哲学者調べで、アリストテレスの担当になったからです。そしてなぜここでアリストテレスの話をするかというと、私が初めて入院した時、叫び続けていた言葉が、この「アリストテレス」と「中庸」でした。理由はいまだに分かりません。しかし昔も今も、この中庸がとても大切だと私は考えています。

アリストテレスの考え方は、何事も極端なことは悪であり、中くらいな状態が良いというものです。苦しいことはもちろん嫌ですが、楽しいことも度が過ぎたり、その状態が続くと疲れたり、ひずみがきます。だから「ほどほど」が良いということです。つまり「平凡って最高」ということです。「今日も平凡な1日が終わって良かった」と思って1日を終えられることに、感謝できる自分になれれば、もっと気楽で楽しく、元気に生きていけると思います。

どんなことも繰り返し、そしてつながっている

よく「自分でやったことは、必ず自分に返ってくる」といわれます。例えば誰かの悪口を言えば、違ったところで自分の悪口を言われていたり、逆に良いことをすれば、自分にも良いことが巡ってくるということです。これは、人間が「共生」という関係で生活が成り立っているからだと思います。人間は他の人と共に生きているのです。

話は少し変わりますが、「人間は忘れる生き物」ともいわれています。全てを覚えていたら生きていけなくなるし、脳もパンクしてしまいます。だからこそ適度に忘れていく生き物なのです。これは良い面と悪い面があります。良い面は、どんなにつらいことがあったり嫌なことがあっても、時間が少しずつでもその傷を癒やしてくれるのです。悪い面は、どんなに反省したり、もう二度とこんな過ちはしないと誓《ちか》っても、同じことを繰り返してしまうことです。「歴史は繰り返す」という言葉がある通り、

例えば戦争など、たくさんの犠牲者が出て、もう2度と同じ過ちをしてほしくないと願っていても、少し時が経てばまた同じような惨劇《さんげき》が繰り返されてしまうのです。

しかし人間には成長という言葉もあります。全く同じことを繰り返してしまう場合もありますが、多くは前回の失敗から学んで、多少でも変化するものです。私はこれを「反復練習」だと思っています。何度も同じことをしてしまうのは、人間としても仕方のないことですが、何度もやるうちに、ここだけは気をつけようとか、これは直さなくてはと感じて、改善がなされていきます。これはとても大切なことだと思います。

また同時に「予習と復習の大切さ」も忘れないでほしいと思います。予習や復習、反復練習というと、勉強を連想するかもしれませんが、人生もしくは人間の生命活動そのものが、地球上で繰り返される人類の歴史そのもので、一人一人の人生がつながって重なり合って歴史ができていると思うのです。だからこそ、良いことでも悪いことでも何かが起きた時、それを検証して復習し、また次に起こる時のために予習をして、反復練習を繰り返すことが大切なのです。例えば、地震や火山の噴火に対する備え、河川の氾濫に対する対策などが良い例です。起こってしまうのは止められません。しかし、「備えあれば憂《うれ》いなし」というように対策をしていれば、単に恐れることなく安心して暮らせるものです。また感染症に対しても、これまでの人類はその都度奮闘《ふんとう》し、命をつなぐ模索《もさく》をしてきました。このような繰り返しが、人間が生きていくためにはとても大切なことだと思います。

同じことは人間関係や実生活にも応用できます。自分の周りにいる人の特性を考えたり、自分が生活する社会が、今どんな環境にあるのかを分析し、それに対して今何が自分にできるのかを考え実践していけば、恐れることなく堂々と、楽しく生きていけるのだと思います。お互いがお互いを尊重して、より良く共に生きていこうという考え方を一人一人が持てれば、とても良い社会になり、生活している自分達も、元気に楽しく生きていけると信じています。

結局元気に生きていくには

最後に「元気になる」ことをまとめてみましょう。元気になるためには、いろいろな方法がありそうですが、まず大前提として大切なことは、ある程度、自分の中に**パワーとゆとり**が必要です。それを得るためには時として、病院や薬を利用したり、仕事や学校などの社会生活を休んだり距離を置いて、元気の源になるパワーを溜めておくことが必要です。ゆとりのある時間というものが、物事を解決してくれたり、自分自身の心のゆとりも作ってくれます。そうすると、徐々に何か自分のやりたいことや、目指していることに気づくという、ある種のパワーが出てきます。

ある程度のパワーができたら、**自分から動いてみることが大切です。**人に言われてではなく、**自分が何をしたいかというところが重要です。**それを実行しようとする時には、できれば助言やサポートをしてくれる人がいると良いです。これはあくまでもサポートや助言で、やりたいことを決めたり、実行するのはあくまでも自分です。助言やサポートが大切なのは、一人で暴走した行動をしてしまったり、ちょっとしたことで傷ついて、再びパワーがなくなる結果になったり、また元気のない状態に戻ってしまうことがあるからです。

しかし振り出しに戻ってもいいのです。1度やったことは2度目にはもっと早く、さらにうまくできることが多いからです。この繰り返し、ある意味「反復練習」はとても大切です。何度もやっているうちに、うまくいくコツが分かってくるのです。失敗は成功の元なのです。

失敗や傷つくことを恐れていては、何も進んでいきません。時にはやり続けたことを放り出し、やめてみて、全く別のことをしてみることも大切です。実はもっと楽しくて、素敵な結果が待っているかもしれません。そして何かをやり続けるにしても、別に新たなことを始めるにしても、大切なことはその行動を起こす**「ちょっぴりの勇気」**です。そしてつらくても、初めはちょっとだけ我慢して続けてみることです。そのことで、自分の世界が広がります。また何が起きてもなるべくポジティブに、前向きに捉えることが大切です。**「過去と他人は変えられない。未来と自分は変えられる」**この言葉のように、過去や他人の言動や思い出に縛られず、自分に意識を集中して自分を高めていきましょう。そうすればきっと明るい未来が待っています。

現代は昔に比べて生きやすくもあり、逆に生きにくい世の中でもあると思います。昔なら困ったことがあれば誰かに聞いたり、逆に困っている人がいたら助けるのがあたりまえでした。しかし現在はＳＮＳが発達し、電子機器も進化しＩＴ化した分、人とのコミュニケーションが取りづらくなっています。例えば昔の職場では、電話や直接会って連絡を取り合っていたので、他の人の仕事ぶりが分かり、何かトラブルがあったり悩んでいる時も、周りの人が分かり協力することができました。しかし現在は主にメールなどで用件だけを伝えることも多いため、他の人が何をしていて、何に悩んでいるのか分かりづらくなっています。

また、人とのコミュニケーションを取りたがらない人も増えてきました。けれども人間は本来、人の間で生きる生物です。本当は多くの人が他人とのコミュニケーションを取りたいと思っているはずだし、取るべきです。それでもなかなかうまく自分の気持ちを表現できなくて、悩んでいる人が多い気がします。それが原因で元気が出ない人も大勢います。しかしこの難しい現代社会を元気に明るく生き抜くためには、**共生（共に協力して生きていくこと）**しかないと私は思っています。

人によっては自分さえ楽しければいいと思っている人もいるかもしれません。お金さえあれば楽しく生きられると思う人もいるかもしれません。しかし本当にそうでしょうか。自分一人で、何をして楽しむのでしょうか。お金はどうやって使うのでしょうか。確かに自分一人の時間も大切ですが、人と話して得られる知識や、人と協力して成功した時に得た達成感や喜びも、とても大きなものです。人に「ありがとう」と言われて感謝された時のうれしさは一人では味わえません。人間はどうやっても、他人なしには生きていけない生物です。それならばお互いをだましたり、憎んだりするのではなく、お互いを尊重して協力して生きていった方が、自分自身もずっと楽しく元気にいられると思います。「情けは人のためならず」といいます。情けは回り回って自分に返ってくるのです。だからこそ、共に生きることを考えたいのです。

自分は今、やりたいことが見つからない。自分はポジティブになんかなれない。良いことなんか何もない。と感じている人も多いと思います。しかしそんな人も、今までの人生の中で、楽しかったことも必ずあるはずです。楽しかったことやうれしかったことがあったからこそ、今がつらく感じるのです。今はつらいことも多いのかもしれませんが、正しいと思う道を、他人にあたるのではなく自分自身と仲良くなって進んでいけば、きっといつか自分にしか味わえない特別な人生になっているはずです。

人と比べて自分の境遇に悲観的になる人もいますが、大切なことは自分の今あるものや、今の環境の中で喜びや楽しみを見つけていくことだと思います。上を見ればきりがないし、もっとつらい状況の人もたくさんいます。何が上で何が下かも、人それぞれの価値観で違うはずです。自分に自信を持って生きていけるようにまずは自分のことが好きになれればいいと思います。

　私はこの本の中で、元気になるには「予習・復習・反復練習」が大切だと何回か述べましたが、そのためにはまず、生きていなければいけません。明日のために予習や復習するのだし、毎日を生きることそのものが反復練習だと思うのです。

「あした」は次の日という意味ですが、もともとは「夜が明けて明るくなった頃」、「明くる朝」「明朝」などが転じて明日となったそうです。夜は必ず明ける時がきて明るくなります。**「明日は明るい日」とも読めます。人には誰にでも明日が来ます。明日が明るい日であると信じて生きていきましょう。**そして人を信じて協力しつつ、ゆとりを持って自分のやりたいことを、自信を持って突き進んでいければ、それが元気に生きていることにつながるのではないでしょうか。私はそう信じています。

コラム

まじないや占いについて

この世の中には、たくさんの占いがあります。占いは非科学的だといって信じない人も多いですし、逆に占いに大金を払い、物事を決める人もいます。占いの歴史は長く、数千年前から人類の文化と同じだけあるといわれています。人は何かを決断する時に、より良い結果を期待するために何かに頼りたくなります。その1つが占いです。大昔から国を取り仕切る武将や王といった、偉い立場の人ほど実は占いを信じていました。それはそれだけの責任がその人の決断にあるからです。

占いには、血液型、星座、干支、姓名、手相などさまざまなものがあります。私はどれもある程度は信じていて、テレビやネットの占いをよく見て、その日のラッキーカラーやアイテムを取り入れたりします。有名な占い店に何度か行ったこともあります。占いは人の傾向を知るもので、その人がどう行動したり何に気を配れば、より良く生きていけるかを示すものだと思います。そんなものが血液型や星座、名前や手相でどうして分かるのかと思う人も多いです。しかし、血液型が違うということは、血液や身体の組織などが違い、それに合った身体の構造をしているということです。ある研究者の仮説によると、人の血液型はO型から始まったといわれています。これは、狩猟民族だった時代の血液型だそうです。O型の人はおおらかで、猪突猛進型の人が多く、肉好きで消化酵素もそれに合わせて発達しているという説があります。その次に出現したのがA型とB型でA型は農耕民族、B型は遊牧民族が発達したとされています。農耕民族は一定の土地に住み、その場所に種をまき、育てることで食料を調達します。そのためA型の人は、まじめでコツコツ作業をするのが得意だとされ、食べ物も肉より野菜などと相性がいいといわれています。一方で遊牧民族は一定の土地を持たず、家畜に必要な草などを求めて住居を変えていきます。そのためにB型の人は、束縛《そくばく》を嫌い自由を愛しているといわれています。食べ物はチーズなどの乳製品が身体に合っているそうです。ではAB型はどうなのでしょうか。その研究者によるとAB型は突然変異で現れたのだそうです。だからどんなところでも、どんなことにもある程度は対応ができ、それが周りの人には不思議がられたり、変わり者に感じられるそうです。食べ物は何でも食べられる代わりに同じものをたくさん食べ過ぎると身体に悪いそうです。ちなみに私は変わり者のAB型です。

ここからは私の仮説ですが、本当はAB型が最初のはじまりなのではとも思います。突然変異という考え方もありますが、AとBは優性です。一方、O型は劣性です。優性と劣性に良い悪いはありませんが、劣性の方が表れにくいという特徴があります。AB型は、両方が優性であり、O型は劣性です。ならば、AB型の方が先に出現したと考えることもできます。

ただし、この仮説を実証すると、人類がアフリカから出現したという説も変わり、ある意味で日本などが人類の起源となる不思議な話となってしまいます。

そう言われてみれば、当てはまると感じる人もいるのではないでしょうか。同様に、星座占いは生まれた季節によって分類した占いです。生まれた時が夏なのか冬なのかによって、その人が育った時の環境は当然違います。姓名判断だってもし名前が違えば、その人はずっとその違う名前を呼ばれ続けて生活をするのです。当然違う人生になるはずです。何よりも人間が数千年かけて信じてきた占いには、信じるべき何か理由があるのではないかと私は信じています。しかし一方で、占いにつきものなのは「当たるも八卦《はっけ》、当たらぬも八卦」といった言葉です。当たればラッキー、外れたらそんなものといった程度に付き合うのが大切だと思います。

あとがきにかえて

この本を読んで、「なんてあたりまえのことが書いてあるのだろう」と思っていただけたら、私にとってはとてもうれしいです。私の職場である中学校は、これから社会へ羽ばたくために必要な、あたりまえである常識について、勉強面でも生活面でも育てていく、義務教育の最後の場所です。「あたりまえのことをあたりまえにできることは素晴らしい」と中学校ではよく話をしますが、これは簡単なようで案外難しかったり、忘れていることもあります。そんなあたりまえなことをもう一度振り返り、思い出す機会となれば良かったと思います。

私は人と話をすることが好きです。だから人間相手の教師という仕事に就きました。理科の教師というのは、たまたま理科しか得意な教科がなかったからです。しかし、理科を教えているうちに、少しずつ知識が増えてきました。それと同時に理科という教科は、とても奥深い教科だと感じました。そもそも科学は哲学から生まれた学問で、世の中の全ての現象や物質について、その本質を追究する学問だからです。

この執筆では、今まで一人でも多くの人に伝えたかったことや聞いてもらいたかったことを、今の自分にできる限りで精一杯の思いを込めて、なるべく分かりやすく詰め込んで書いたつもりです。

今回の執筆で、自分でも一番驚いていることがあります。それは元気になるには、「予習・復習・反復練習」が大切だと、とても先生らしいことを自分が考えていたことです。この3個は、よく学校で大切だといわれていますが、私自身が実はとても苦手で、嫌いだと思っていたことだからです。しかし考えている中で突き詰めると、これらはどんな場合にも大切なのだと気づかされました。執筆しなければ気づけないなんてまさに自分らしいと思います。

最後に今回の執筆にあたり、この本を出版するきっかけを作ってくださった方、出版社の編集や担当の方々、本の制作に関わった全ての方々、また、いきなり本を出版することに反対しなかった家族、友人、そして職場の先生方への理解にも感謝したいと思います。

本当にありがとうございました。そして、これからもよろしくお願いいたします。

2023年2月　吉日

きみこ#

参考資料

・goo 辞書

・発達障害の種類・症状・子どもの行動の特徴
https://allabout.co.jp/gm/gc/302571/

・国立研究開発法人国立精神・神経医療センター精神保健研究所「知ることからはじめよう　こころの情報サイト」
「こころの病気を知る」
https://kokoro.ncnp.go.jp

・「マズローの欲求5段階説」
https://ferret-plus.com/5369

・「アンガーマネジメントとは?『6秒ルール』などの意味や、診断方法を解説」
https://www.smbc-card.com/like_u/life/anger_management.jsp
〝ほぼ養蜂家〟が教える驚くべきミツバチの生態。思わず心が痛くなるオス蜂の性(さが)
http://ouchisaien.com/worker-bee/

・働きアリの法則(2:6:2の法則)
http://www.entrepreneur-ac.jp/report/bando/ants20121004.html

・ひきこもりの評価・支援に関するガイドライン

https://www.mhlw.go.jp/content/12000000/000807675.pdf
・国立研究開発法人国立精神・神経医療センター精神保健研究所「知ることからはじめよう　こころの情報サイト」
「ストレスって何？」
https://kokoro.ncnp.go.jp/health_howtocare.php#01
・意味解説辞典より「『ニート』と『ひきこもり』の違いとは？分かりやすく解釈」
https://meaning-dictionary.com/「ニート」と「ひきこもり」の違いとは？分かり/
・「『マインドフルネス』の意味とは？簡単にわかりやすく解説！」
https://www.the-melon.com/blog/blog/mindfulness-meaning-2788
・男性は火星、女性は金星からやってきた～男女の人間関係のバイブル本～
https://note.com/mai_e/n/nd2adeaba30f5
・体質は血液型で決まる！血液型でわかる身体に合う食材とは
https://izilook.com/26607

〈著者紹介〉

きみこ＃

東京生まれ。3か月で大阪に引っ越し、熊本、千葉と転々とし、現在は東京在住。中学校教員。「われ常に最善を尽くす」をモットーとしている精神疾患者。好きなことは歌、アロマ、お茶、散歩と人と話すこと。心理学を学び、心理カウンセラーの資格も取得した。AB型のしし座。

〈本文イラスト〉
けいこ＃
きみこ＃の母。

「元気《げんき》の花《はな》」の育《そだ》て方《かた》
～精神疾患《せいしんしっかん》のある中学理科教師《ちゅうがくりかきょうし》が考《かんが》える、幸《しあわ》せの秘密《ひみつ》～

2023年10月6日　第1刷発行

著　者　　きみこ#
発行人　　久保田貴幸

発行元　　株式会社 幻冬舎メディアコンサルティング
〒151-0051　東京都渋谷区千駄ヶ谷4-9-7
電話　03-5411-6440（編集）

発売元　　株式会社 幻冬舎
〒151-0051　東京都渋谷区千駄ヶ谷4-9-7
電話　03-5411-6222（営業）

印刷・製本　中央精版印刷株式会社
装　丁　　弓田和則
装　画　　鈴木なるみ
本文イラスト　けいこ#

検印廃止

Printed in Japan
ISBN 978-4-344-94641-5 C0095
幻冬舎メディアコンサルティングＨＰ
https://www.gentosha-mc.com/